给孩子的第一本独立自主书

梁秋月◎著

中国妇女出版社

图书在版编目（CIP）数据

给孩子的第一本独立自主书 / 梁秋月著. —北京：中国妇女出版社, 2013.7

ISBN 978-7-5127-0741-2

Ⅰ.①给…　Ⅱ.①梁…　Ⅲ.①儿童–能力培养　Ⅳ.①G61

中国版本图书馆CIP数据核字（2013）第138289号

给孩子的第一本独立自主书

作　　者： 梁秋月　著
策划编辑： 宋　罡
责任编辑： 宋　罡
责任印制： 王卫东
出版发行： 中国妇女出版社
地　　址： 北京东城区史家胡同甲24号　　**邮政编码：** 100010
电　　话：（010）65133160（发行部）　　65133161（邮购）
网　　址： www.womenbooks.com.cn
经　　销： 各地新华书店
印　　刷： 北京鑫海达印刷有限公司
开　　本： 170×240　1/16
印　　张： 14
字　　数： 210千字
版　　次： 2013年8月第1版
印　　次： 2013年8月第1次
书　　号： ISBN 978-7-5127-0741-2
定　　价： 29.80元

前言 Preface

午睡后，幼儿园老师发给每位小朋友一个香蕉，阳阳却举着香蕉请老师帮忙剥开，老师问："阳阳自己剥，好吗？"阳阳说："每次都是姥姥剥好了给我吃，我不会……"无独有偶，3岁半的果果穿衣服也请老师代劳，他不知道怎么系扣子，即便偶尔扣上一个，却十有八九安错了地方，在家里，都是奶奶帮他穿脱衣服。

像阳阳、果果这样的孩子在我们身边比比皆是，他们习惯于在所有的事情上"动口不动手"。长此以往，孩子难以学会自理，将会后患无穷。据社会心理学家所做的一项调查表明，那些从小习惯于依赖父母的孩子，日后自理能力和独立性都比较差，遇事总是指望父母一帮到底，随着子女的需求和父母的能力之间的差距越来越大，孩子就会埋怨父母，引发亲子冲突。

其实，从儿童生理、心理发育的过程来看，孩子在一岁以后自我意识开始萌动，就会表现出较强的自我独立愿望，如爱说"我能""我来"等字眼。他们渴望独立做一些事情，可是父母们却剥夺了他们想独立做事的权利。为了让孩子能够生活得好，父母们什么事都不让孩子做，可以说几乎所有事情都是包办代替。结果，孩子从小就学会了依赖，而父母还浑然不觉。等到发现孩子已经独立不起来的时候，才"恍然大悟"，但为时已晚。

美国教育家罗伯特曾说过："独立性是现代孩子教育的十大目标之一，培养孩子的独立性至关重要！"在人生路上，没有谁能够替代谁的一生。我们不可能陪伴孩子走完一生，未来是属于孩子的，孩子未来的路要靠他们自己去走，未来的生活也要靠他们自己去创造。所以，如果我们真心爱自己的孩子，不想让他在未来没有自立于社会的能力，不想让他以后还依赖我们生活，那么，就一定要学会"放手"，要放开对孩子的保护，要创造机会锻炼孩子，要舍得让孩子去吃苦，要给孩子独立成长的空间，要让他独自去做事，要让他直面人生中的困难与失败，要培养他独立自主的能力，等等。

相信所有的父母都希望自己的子女能成功，能够拥有美好的人生。可是，如果你不放手，孩子就不能独立，孩子不能独立，就没有机会成长。因此，要想让你的孩子生活得更好，就要学会放手，培养孩子的独立性，让孩子在一点一滴的小事中积累经验，在实践中掌握独立的本领。

目录 Contents

给孩子的第一本独立自主书

PART 1

爱孩子，就放手让他独自去翱翔

放开手让孩子自由飞翔，孩子的发挥空间才会更广阔。

小心！溺爱这个“温柔的陷阱”

现在的孩子，成长环境相对比较舒适，再加上大多是家中的独苗，许多家长都会抱着宁可自己多受苦，也不能让孩子受苦的心理，总是竭尽所能地满足孩子的需要，哪怕是一些不合理的要求，家长都会答应。只要看孩子高兴，不管是天上的星星还是梦中的幻想，家长都会尽力去办，好像只有把孩子的生活道路铺得平平坦坦的，孩子才能幸福快乐地成长。可这真的就是孩子幸福的开始吗？

越是从小被父母娇惯、溺爱的孩子，就越是不听话，越让父母操心，相反，大多数从小吃过苦，没有享受过“娇生惯养”待遇的孩子就会听话、懂事。法国教育家卢梭也曾说过：“如果你想毁了孩子，那你就什么都顺着他。”

父母的爱总是仁慈的，但是仁慈的爱要用得恰到好处，如果让爱泛滥，结果只会适得其反。伟大的心理学家阿德勒博士在其个性心理学畅销书《自卑与超越》中讲到：有三种儿童成年后，常常是生活中的失败者——有器官缺陷的，被忽视的，被宠坏的。特别是被宠坏的孩子，很可能成为社会中最危险的一群。

开封大学人文学院曾对492名孩子进行调查，结果发现，家长过分溺爱孩子，有以下危害：

第一，缺乏独立生活能力。由于家长不让孩子自己做任何事情，有些独生子女已快上学了，还不能自己穿衣、洗脸。这些孩子胆小、依赖性强、适应能力差，同时缺乏独立思考和独立行动的能力。

第二，形成“以我为中心”的自私心理。由于家长怕自己的孩子受人欺负，所以，不让自己的孩子和别的孩子一起玩。因此，使孩子变得自私，不关心别人，缺乏集体观念和责任感，不懂得友爱，处处以自我为中心。值得注意的是，这样的人很容易成为没有社会道德的人。

第三，养成不知勤俭，却爱挑剔，花钱如流水的“阔少爷”作风，也是家长从小溺爱的恶果。这严重影响了孩子的健康成长。

有这样一位父亲，他与妻子把所有的爱都给了独生儿子。但儿子却很自私，对父母那种无私的爱丝毫不懂得感恩，也没有想过要关心父母：好饭菜要独吃、先吃；衣服鞋帽要父母帮着穿、脱；只知道伸手向父母要这要那，当父母生病时，却不闻不问。

还有这样一个故事：

李芳的妈妈与中国人多数父母一样，自己省吃俭用、节衣缩食，却给孩子买各种玩具、电子琴、钢琴、请家庭教师，不让孩子受一点点委屈，吃一点点苦……

李芳高中毕业以后，妈妈拿出自己辛辛苦苦攒下来的钱，让李芳到国外留学。

妈妈刚把李芳送走一个星期，一天下班回到家里，她惊奇地发现，宝贝女儿居然正坐在家里看电视，不禁惊讶得下巴都快掉下来了。

原来，李芳刚到国外，首先遇到的就是语言不通这一困难，她的那点英语水平实在是让人不敢恭维。再加上她在家的时候就不大懂得与人交流，所以，根本找不到一个可以求助的对象。因此，遇到一点儿小事，她就手足无措，只能打电话回家哭诉。

最后，她终于忍受不了，就买了张机票回来了……看着自己娇气的“千金”，这位妈妈欲哭无泪。到这个时候，她才明白，正是自己无节制的溺爱，才让孩子变得如此无能，遇到问题没有办法自己解决，只会退缩回来求助。“如果让我重来，我一定不会再溺爱孩子了，”她后悔地对朋友说，“可惜，世间没有后悔药。”

可见，溺爱猛于虎。因此，家长一定要明白，爱孩子是每个家长的本能，但这样的本能过了头，这份对孩子的“爱”就变了味，它对于孩子来说也不再是爱，而是一个“温柔的陷阱”。

孩子是终究要出海的船，父母只是暂时的避风港。出海的船必然要经历风浪，会遇到许多暗礁……这期间需要孩子勇敢地去面对，去承担，父母是无法替代的。

同样，锁在笼中的鸟飞入林中便会饿死，因为它们养尊处优惯了，以致失去了猎食的能力。它们习惯了依靠人类的喂养，即使林中有食也不知如何去获取。

“物竞天择，适者生存”。家长既然爱孩子，就应当恰到好处地去疼爱，应当放手，让孩子用他们那稚嫩的翅膀独自去天空翱翔，去接受锻炼，去适应这个社会。

不包办代替，培养孩子的独立意识

著名的教育家陈鹤琴说过："凡儿童自己能够做到的，应该让他们自己做；凡儿童能够自己想到的，应该让他们自己去想。"也就是说，家长应该给孩子创造自立的机会。

可是，在现实生活中，家长包办的现象却比比皆是。不知大家有没有见过，一个十一二岁的中学生，竟然不会自己系鞋带？不要怀疑，这的确是真实的一幕——

"爷爷，鞋带又松了，帮我系一下！"公交站台上，一个背着书包的初中男生边说边将脚抬起来，一旁的爷爷慢慢弯下腰，帮他将鞋带系上，这段时间，男孩一直和旁边的同学聊着天！

有好事的人等老人帮孙子系上鞋带后，就问："大爷，您这是来接孙子放学吧？"老人点头回答："是啊！我担心孙子放学在路上玩，就来接他放学。""您孙子有十一二岁了吧？他自己不会系鞋带？""嗯！我孙子从小就是我和我老伴带大的，小时候从来不给他穿系带子的鞋，上小学时，我们还会专门给他备一双不需要系鞋带的鞋，万一鞋带松了没办法系，就换一双鞋。现在尽管上初中了，可还是没学会系鞋带。"那人又问老人的孙子，这个大男孩一脸无辜："从来都是爷爷奶奶帮我系鞋带的啊，这有什么啊？"

那人摇了摇头，接下来就没再说什么……

一个十一二岁的中学生，竟然连自己的鞋带都不会系，我们不禁要问，这个应该怪谁？不仅仅是系鞋带，生活中，有的孩子十几岁了，竟然连衣服也穿不好，这都该怪谁？怪孩子不去学？还是怪孩子学不会？遇到这样的事情，相信我们也该感到无奈了吧！

看看现在的孩子，吃饭需要大人一口一口地喂，绝对不肯自己吃；睡觉也要有人陪，否则就闹脾气不肯上床；早上起床不叠被子，吃完饭也不懂帮忙洗碗，就连书包文具也必须家长帮他收拾好，他自己绝对不会动一根手指头……

我们希望孩子照这个样子发展下去吗？一个从小被包办惯了的孩子，自理能力往往很差。这样的孩子遇事总是拿不定主意，犹豫不决，缺乏独立思考能力以及创造能力。由于懒惰，他们不愿自己动手做事，思维能力发展受到了限制。在性格上，他们又表现为意志软弱，胆小怕事，缺乏独立克服困难和吃苦耐劳的精神。上学后，他们也会缺乏竞争意识和刻苦钻研、努力进取的精神。这些，都不是父母们乐于看到的。

有人曾对某小学的学生做过调查：遇到困难怎么办？97%的小学生回答：找父母和老师。

留学海外的中国学生，其弱点暴露得更为明显。国内外的评论认为：中国学生考试成绩很优秀，可动手操作、实验能力则明显不足。“高分低能”是对这一现象的概括。

由此可知，中国孩子的致命弱点在于没有自主性、依赖性强。这种现象归根结底就在于父母的包办代替，让孩子缺乏自信，能力低下，使孩子丧失了自我实践的机会。

在西方国家，父母常常让孩子自己照顾自己。孩子两岁半以后，上厕所都由孩子自己处理。尽管大人事后要检查，但十分注意让孩子自己去做该做的事情。由于他们从小就重视独立精神和独立能力的培养，因此，西方的儿童大多具有较强的独立意识。

有一次，一个4岁的美国儿童在弯腰吃力地系鞋带时，一个路过这里的成年人提出要帮助他，却遭到了拒绝。

孩子问成年人："你知道我多大了吗？"

"不知道，可我想你应该很小。"

"我已经不小了，我都4岁了。"

显而易见，孩子认为自己已经长大了，系鞋带这样的小事应该由自己来做。

孩子的这种独立意识在美国是很普遍的。

当孩子还不能完全生活自理时，父母给予孩子生活上的照料，无可厚非，因为做父母的有这种责任和义务。但是，父母还应当明白，照料孩子的目的，不仅仅是为了使孩子生活得舒适、幸福，更重要的是在照料的过程中要让孩子逐步学会生活自理，进而掌握独立生活的能力。如果做父母的只想让孩子生活舒适，把孩子的事情全都包办代替，不让孩子自己动手、动脚、动脑，那么父母就等于把孩子的手、脚、脑都束缚起来，这样做的结果只能是孩子什么事都不能做，也不会做。将来孩子长大离开家庭、父母，进入社会独立生活、工作，就没有生活自理的能力，这不但会给孩子今后的生活带来诸多不便，还会影响他们的学习和工作，甚至有可能因为缺乏生活自理能力而葬送他们的美好前程。

我们都知道这句俗话"人无远虑，必有近忧"，如果我们现在不替孩子的未来多考虑，那么随着他一天天长大，未来他不能解决的问题会越来越多。这就像是一个因果循环，我们不能自作自受，更不能让孩子也自作自受。

因此，当你在照顾年幼的宝宝时，一定要注重培养孩子的独立意识，这样才能让孩子彻底摆脱依赖的心理。一岁的孩子就有了独立意识，他们什么都要来一个“我自己”。自己拿小勺吃饭，自己跌跌撞撞地搬小凳子。随着年龄的增长，他们不仅要独立穿衣服、洗脸洗手，而且还要自己洗手绢、洗袜子、自己修理或者制作一些玩具，甚至还想自己上街买东西、自己洗碗。对于孩子正在增长的独立意识，家长一定要予以重视，并支持、鼓励他们：“只要好好学，一定能做好！”千万不能泼冷水：“你还小，干不了！”

让孩子学会自己作决定

亮亮刚上二年级，课余时间特别喜欢打乒乓球，而对踢足球却不感兴趣。但他却有个足球迷的父亲。

父亲看到亮亮经常去练习打乒乓球，就教训他：“小球没有出息，去练大球！”

亮亮不愿意踢足球，父亲就强迫儿子和他一起去足球场练球，弄得亮亮总是不开心。

现实生活中，像这样的事情常常发生。女儿想学长笛，母亲却非要她放弃长笛改学钢琴；儿子喜欢文科，父母却以“学好数理化，走遍天下都不怕”为借口，为他选择理科……一个人不能选择自己喜欢做的事情是痛苦的，对此，成年人应该感受最深。父母同样应该明白：孩子也是人，也有自己的喜好，强迫他们去做不愿做的事情，孩子总会不开心。要是让孩子按父母的意愿去行事，就可能会引起孩子的敌对情绪和反抗。

当然，父母会说这样“难为”孩子，其实是“望子成龙心切”，是善意的。但是，父母的“善意”有可能带来“恶果”，这等于抑制了孩子的长处，而放大了孩子的短处，有时可能会弄得孩子对自己的长处与短处都没有了兴趣，结果得不偿失。

也许有的父母这样认为，孩子是自己生命的延续，那就应该把自己未实现的理想让孩子去实现。可孩子们并不接受，他们觉得自己的事应该自己做主。于是，两代人之间就发生了冲突。

其实，从孩子呱呱坠地的那一刻起，做父母的不仅给了孩子生命，也给了他们作为一个独立个体存在于这个世界的权利。

“生命的价值在于选择。”孩子的自主性在他的自主选择上表现得最为明显。但不少父母怕孩子选择错误，从来不给孩子选择的权利。就像上面提到的父母，他们不让孩子去作选择，总是忍不住要替孩子作选择。孩子失去了锻炼的机会，当遇到要选择的情况时，就拿不定主意，只能听从父母的决定。这样，孩子就会形成没有主见、做事犹豫不决的性格，这是一种性格上的缺陷，对孩子的成长很不利。

首先，那些没有主见的孩子，在心理上是自卑的。即对自己的知识、能力、才华等作出过低的评价，进而自我否定。自卑的人在人际交往中，虽有良好的愿望，但是总是怕别人的轻视和拒绝，因而对自己没有信心，很想得到别人的肯定，又常常很敏感地把别人的不快归为自己的不当。所以总是一味责备自己，讨好别人。

其次，没有主见的孩子因为对自己没有信心，所以对某些事情难以下决定！总是瞻前顾后，犹豫不决，容易受他人影响。

再次，没有主见的孩子遇事优柔寡断，拿不定主意，是意志薄弱的表现。他们在做一件事情之前往往要经过反复比较，反复动摇。结果错过了成功的最佳时机，最后一无所获。

最后，没有主见的孩子的口头禅是“我再想想”、“我先问问我妈妈”、“我不知道对不对”，也因为如此，很多人不喜欢与没有主见的人交往。

总之，一个人遇事反反复复，犹豫不决，总拿不定主意的现象，是意志薄弱的表现。它直接影响着一个人选择能力的形成，而选择能力的强弱又对人的成功与否起着至关重要的作用。可以说，人是在各种各样的选择中度过人生的每一步的。其中，有些选择会直接影响自己或他人一生的命运。而优柔寡断、犹豫不决，正是选择的大敌。

因此，为了孩子能健康的成长，父母最好 “适当放手”，让孩子自己作决定，即父母给孩子制定一个基本的底线——认真生活不做坏事，然后放手让孩子去决定自己的人生，只是在非常有必要的时候再去帮助孩子。

对此，家长应该注意以下几点：

1. 孩子的事要征求孩子的意见

很多父母在要求孩子做事时，往往喜欢用命令的口气：“就这样做怎么能行”“你该这样做”“我不允许你和谁谁交往”，等等。这种命令的语气只会让孩子觉得家长的话是说一不二的，自己只有服从父母的意志行事，而孩子这样做心里能高兴吗？

作为一个聪明的父母，你不妨将命令式语气改为商量式语气，比如：“这件事怎样做更好呢？我想能不能这样做？”“我想你先完成作业再看电视会更好一些！”等。这种表达方式会让孩子感觉父母对自己的尊重，从而帮助孩子建立独立思考的意识，提高孩子按自己的意志主动处理好事情的能力。

用商量代替命令，不仅能鼓励并引导孩子自由地表达思想，而且也体现了家长对孩子的尊重，同时也能有效地培养孩子的自主性。

孩子虽然年龄小，但也有自己的思想。作为一个聪明的妈妈，你应该给孩子表达意愿和想法、自己进行选择的自由和机会。比如，给孩子买玩具时，家长要征求孩子的意见，尽量买孩子喜欢的玩具；在超市购物时，可以让孩子选择购买自己喜欢或者需要的物品。给孩子报特长班时，也应该让孩子自己去选，孩子的意见和想法，家长要多多支持。

2. 让孩子在限定范围内选择

有位美国家长带着他两岁多的女儿去吃饭，在饭桌上，女儿不肯喝果汁，嚷着要和大人一样喝可乐。

两岁的孩子有这样的行为是正常的，但是，在中国家长看来，孩子这样是不乖的表现，可是，这位美国家长却没有强求孩子喝果汁或可乐。

当着客人的面，这位父亲说："喝完你杯子里的果汁，可以在我杯子里喝一口可乐。"这其中隐含的选择是：你可以不喝果汁，但也没有可乐喝。

这位美国家长很具体地给了孩子选择的机会以及每种选择行为的结果。在整个过程中，父亲对女儿没有提什么要求，只是让女儿自己选择作决定。

后来，两岁多的女儿想了想，还是喝完了自己杯子里的果汁。这位父亲说话算数，当场兑现，笑眯眯地允许女儿在自己的杯子里喝一口可乐。

孩子由于知识、经验的缺乏，面对过多的自由和选择，反而不利于他选择和作出决定。因此，作为父母，可以给孩子一定范围的选择权利，也就是让孩子在限定的范围中进行选择。这样，孩子会逐渐树立起适当的选择意识。

3. 让孩子自己作选择

美国前总统富兰克林·罗斯福幼年时长着碧蓝的大眼睛，鼻梁挺拔端正，一头金色的卷发，显得英俊、神气，很招人喜爱。尤其是他那一头金黄色的卷发，非常漂亮，妈妈很喜欢富兰克林这头漂亮的卷发，并喜欢用各种服装来打扮年幼的富兰克林。但是，妈妈为他选择的衣服，富兰克林并不喜欢。

有一次，妈妈想给富兰克林穿绉边的套装，富兰克林大胆地说出了自己的不满。

又有一次，妈妈想说服富兰克林穿苏格兰短裙，富兰克林又拒绝了妈妈的好意。最后，富兰克林和妈妈一致同意穿水手服。

关于这段故事，富兰克林的母亲萨拉在《我的儿子富兰克林》一书中这样写道：“我们做妈妈的对于衣饰的品位虽然高雅，可是我们执拗的儿女却并不喜爱。”可敬的是，富兰克林的妈妈并没有强迫孩子听从自己的意见，而是非常尊重孩子的意见。萨拉是这样解释的：“我们从来不曾试图对他施加影响来反对他的喜好，或者按我们的模式规定他的人生道路。”

从这件事上可以看到，只要父母肯放手让孩子自己去做、自己作决定，孩子就会让父母惊喜于他的成长。所以要想让孩子具有自主性，妈妈应该适当放手，让孩子自己去做事情，信任他、尊重他，不要横加干涉，孩子会在家长的信任中成长起来。

给孩子真正自由的空间和时间

浩浩刚上小学一年级，妈妈就给他准备好了房间，说是给孩子一个独立的空间。可是，浩浩从学校刚回到家中，妈妈就开始管束浩浩，不能看动画片，不能玩玩具，要先把作业做好，然后再做妈妈给他买的课外练习。

浩浩虽然不满意，可还是坐在自己的小桌前，磨磨蹭蹭地开始写作业。妈妈不放心，过十分钟就进来检查浩浩做作业的进度。浩浩虽然很反感妈妈的做法，但也只是敢怒不敢言。

在一个小店里，店主夫妻两人有一个正上小学的女儿，每天晚上路过此处的人总能看见小女孩独自坐在店门口弹琴。初冬的夜晚已让人觉得冷飕飕的了，可孩子还得赤手在风中练琴，练了几遍之后，她回头望望身旁的母亲，那眼神好像在问：我可以休息了吗？可母亲却严厉地说："又想偷懒，时间还早，接着练。"小女孩无奈，只得极不情愿地继续着。琴声在空气中回荡，那声音虽然清脆悦耳，却分明夹杂着一丝无奈。

类似上面的事情在我们的生活中并不鲜见。

在孩子很小时，有的父母就会为孩子准备房间，而且在孩子的房间里，有着最豪华的设施，让孩子在这里安心地玩乐，安心地做作业。可是父母是否会想到，孩子需要的不仅仅是形式上独立的房间，更要有属于自己的、自由的遐想空间。

和成年人一样，孩子们需要有自己可以自由支配的时间，有自己能自由玩耍的空间。如果时间上全由父母安排，空间也由父母支配，孩子的事情全由大人包办，孩子只是去执行，那么孩子的自主性就永远不能培养出来。

有一位明智的家长，在孩子很小时，就每天给孩子自由支配的时间。在这段时间里，孩子可以做自己喜欢的事情。孩子有时玩，有时读自己喜爱的书，有时画画。当然，有时可能是忙来忙去，什么也没干成。但孩子逐渐懂得了时间的宝贵，学会了自己安排时间和计划。

孩子也是独立的个体，也有自己的观念和判断。也许他们的生活经验还不足，在生活中会犯一些错误，但孩子犯错误是可以理解，也是必要的。孩子在成长的过程中需要吸取教训，积累经验。只有父母给孩子独立的空间，才能培养出健康能干的孩子，他将来才能独自撑起一片天。

那么，我们应如何做到从小给孩子真正意义上的独立空间呢？具体应该注意以下三点：

1. 给孩子提供一个“专属空间”

在孩子成长的过程中，我们需要给他提供一个“专属空间”，也就是专门属于他的成长空间，这是孩子感受自由的开始。

如果有条件，我们最好给孩子一个独立的房间，让他自己安排、布置自己的房间。如果没有这个条件的话，我们可以从房间里开辟出一块区域，规定为孩子的“专属空间”，可以让他摆放属于自己的东西。

在这个空间里，孩子可以学习，也可以做自己喜欢的事情，而我们需要做的就是不去破坏他的世界，那么，他的天性就能在自由的环境中得到充分发挥。而且，当孩子有了属于自己的空间，他就需要对此负责，要经常整理，这无形中又培养了孩子的自主能动性和自理能力。

2. 给孩子自由支配的时间

明明是个很贪玩的男孩子，学习不用功，每一次都需要妈妈监督才回家写作业。为了改变儿子贪玩的习惯，明明的妈妈想出了一个办法。她知道孩子想要自由，就与明明商量，如果他每天放学后把作业保质保量地完成，剩下的时间都由他自由支配，想做什么就去做什么。

明明听妈妈这样说，非常高兴，就同意了妈妈的要求。从此以后，明明放学回家后第一件事情就是做作业，甚至有伙伴来找他玩，他也坚持先做完作业，然后才高高兴兴地跟伙伴们一起出去玩。一段时间后，明明的成绩不但提高了，也比以前快乐了许多。

在不影响孩子学习的情况下，给孩子充分的自由时间，有利于孩子学会自主地安排事情，提高生活的独立决断力。给孩子更多自由支配的时间，会使孩子更加快乐，学会独立思考，这些都可以为孩子创造能力的培养打下坚实的基础。

3. 千万别让“伪自由”毁了孩子

有的妈妈秉承“爱孩子，就给他自由”的教育观念而给孩子完全的自由。但是，这样做真的利于孩子的成长吗？

婷婷9岁了，生活在一个自由、民主的家庭环境中，妈妈给了她绝对的自由，什么事情都听从她的选择。

一天，妈妈特意为婷婷做了她最爱吃的饭菜。吃饭的时候，婷婷却说："妈妈，我不想吃。"

妈妈急忙问道："这些菜不是你最爱吃的吗？"

"可是，我现在不想吃了。"

"那你说，你想吃什么？"

"想吃蛋炒饭。"

"好，妈妈这就去做，你先去玩一会儿吧！"说完，妈妈就去为心爱的女儿做蛋炒饭了。

这位妈妈给了婷婷绝对的自由，"尊重"她的选择，即使她做得不对，也不去指正。这种缺乏管教的自由已经严重变味了，变成了"伪自由"。

我们这样做，只会让孩子在所谓的"自由"中变得为所欲为。

事实上，给孩子自由，并不意味着我们就要对他放任自流。孩子的成长需要引导和管束，就像风筝一样，需要用线牵引着它，给它指引一个方向，它才能飞得更高、更远。但是，我们也不能管束得太紧，就像弹簧一样，压得越紧，反弹得就越厉害。因此，我们对孩子的教育要松弛有度，既不能放任自流，又不能管教得过严。

我们要让孩子知道什么事情可以去做，什么事情不可以去做，比如，要做自己力所能及的事情，分担一定的家务活，不可以挑食，进入他人的房间要敲门，等等。如此一来，孩子既得到了自由，又有了规矩的约束。

允许孩子有自己的秘密

著名教育专家孙云晓说过："没有秘密的孩子长不大。"每个人都有自己的秘密，守护秘密更多意味着责任；但对于孩子来说，拥有秘密并保守秘密是走向成熟和独立的标志。

可是，很多父母并没有意识到孩子正在成长，认为孩子不应该有自己的小秘密。于是，这些父母无所顾忌地闯入孩子的"隐私地带"，翻看他的书包、抽屉，偷看他的日记、信件、网上聊天记录、电子邮件等。

一天，妈妈像往常一样给11岁的女儿收拾房间。无意间，妈妈发现了女儿放在枕头底下的抽屉钥匙，在好奇心的驱使下，妈妈打开了女儿本已上锁的抽屉。妈妈被抽屉里的东西吓了一跳，里面全是一些明星的照片、CD等。

女孩放学回到家，妈妈严肃地说："到你的房间来。"

当女孩看到被打开的抽屉时，生气地说："谁让你乱动我的东西了，这是我的隐私。"

"我不动你的东西，我怎么知道你每天都在干什么啊！你现在最重要的任务就是学习，可是你却把心思用在这些不正当的东西上。"

"怎么不正当了？我还不能有自己崇拜的偶像吗？"

"如果是某某科学家，我倒是很高兴，但是你却崇拜一些明星，这对你的学习有什么用啊！我警告你，赶快把这些东西都收走。”说完，妈妈就走开了。

女孩觉得妈妈不尊重自己，伤心极了。

妈妈翻看女儿的抽屉，虽然看起来是一种对她的爱，但是这种以爱的名义侵犯她隐私的行为却是不正确的。父母这样做不仅会伤害孩子的自尊心，而且还会让孩子缺乏安全感。另外，有的孩子可能会因为自己的隐私受到侵犯而采取更极端的方式将自己保护起来，把自己的心门紧紧锁起来。结果，我们更无法走进孩子的内心，亲子关系也会更加恶化。在学校里，我们总能听到一些孩子这样埋怨道：“我最讨厌的事情，就是爸爸妈妈偷看我的日记、偷听我的电话。我觉得他们看我就像看贼一样！这样下去，我觉得自己和他们的隔阂越来越大，甚至不愿意和他们交流了。”

事实上，孩子拥有隐私，意味着孩子自我意识的成长，说明他的内心世界正在慢慢走向成熟，他想拥有属于自己的独立空间。从这个意义上来说，拥有隐私，是孩子迈向成熟和独立的必经之路。

假想一下，如果一个十多岁的孩子，他的心理状态仍然像几岁的孩子那样天真，也许可以说明他的心智不够成熟，甚至说明他的心智成长是不健全的。因此，作为父母，如果发现孩子有了自己的秘密时，我们应该感到高兴，这意味着孩子诞生了内心世界，他想拥有自己独立的空间了。

那么，父母应该如何对待孩子的秘密呢？

1. 尊重孩子的隐私权

要尊重孩子的隐私权，也就是尊重孩子的人格。孩子在很小的时候就已经有了自己的思维方法，已经开始思考，他们心中有一些秘而不宣的东西，并不喜欢他人知道，更不愿意别人干涉，随着年龄的增长，这种感受变得越来越强烈，做父母的要尊重孩子的这些隐秘，不要去追问他们。当孩子认为这些“秘密”需要他人了解的时候，是会告诉父母和他人的。如果父母作出有伤孩子心理意愿的事情，那孩子一定十分伤心。他可能认为自己在家中没有地位，没有得到应有的重视，而放弃对美好前途的追求，心灰意冷，丧失不断进取的积极性。因此，珍视一颗童心的成长，最好的方法莫过于让他拥有一份独自承担的内心秘密。

另外，父母要注意，尊重孩子的隐私包括两个层面的含义：一是不要未经允许偷看孩子的日记和信件等隐私；二是不要将自己所掌握的孩子的隐私随意宣扬出去。孩子的某些弱点和考试成绩一样同属于孩子的隐私，需要父母的保护。

2. 用心了解，掌握孩子的蛛丝马迹

在复杂的社会环境中，一些不健康的因素正在悄悄地腐蚀着孩子的心灵。如养成抽烟喝酒的不良嗜好，结交一些不三不四的朋友，晚间外出甚至彻夜不归、早恋等一些品行变化和心理动态，家长应及时观察和掌握孩子的这些“隐秘世界”的蛛丝马迹，以利于正确的引导。

3. 引导孩子健康成长

尽管孩子的自主意识增强，但正确的人生观尚未形成，是非观念不强，缺乏自我克制的能力，正值成长的心理危险期，所以在处理诸如学业、情感、人际关系、生活等许多方面，还不可能把握好尺寸。因而家长在细心观察孩子的思想动态，掌握孩子内心隐秘的同时，要根据其性格、爱好等有针对性地采取措施，培养孩子分辨是非的能力。当孩子有了自己的爱好、理想甚至异性朋友时，更应循循善诱，加以引导，使孩子在学习和生活中把握自己的思维，生理和内心隐秘，规范自己的品德和人格，使自己学会如何去辨别朋友，增进友谊，处理矛盾，并不断排除和修正内心隐秘世界中非健康的因素。

4. 多加沟通，建立互相信任的关系

也许有的父母会问，难道孩子的隐私就不能过问了吗？不是，只是过问

时需有明确的指导思想，讲究方法，先尊重孩子的隐私权，再让孩子自愿地和你倾诉隐私。隐私有一定的相对性，自己的私事对一些人是隐私，对另一些人可以不是；隐私可以转化，不信任你时是隐私，信任你了可以不是隐私。

随着孩子一天天长大，他们越来越独立，渐渐自己能判断哪些事情要与妈妈商量，哪些事情要告诉爸爸。因此，作为父母，要想让孩子对你畅所欲言，就必须自己打开心扉，和孩子建立起一种无话不谈的关系，以争取孩子的信任，使孩子主动、自愿地披露心中隐私。但即便如此，孩子不愿说出来，那么，也要耐心等待，而不能以打骂、呵斥的方式强迫孩子，强行走入孩子的内心世界，其结果大多会适得其反，并使亲子关系趋于紧张。

因此，父母要学会信任孩子，与孩子一起分享和分担。父母要在充分尊重孩子人格与隐私的基础上，平等对话，让孩子主动敞开心扉，这是避免矛盾的最好办法。父母可以告诉孩子：你的秘密可以不告诉我，但是，如果有对你不利，或者将对你构成威胁的事情的时候，你就一定要提早告诉我，让我们一起面对，一起解决。让孩子知道——关键时刻，父母才是最能够给他直接帮助的人。

让孩子从小热爱劳动

高尔基曾说过："我们世界上最美好的东西，都是由劳动、由人的灵巧的手创造出来的。"因此，劳动是神圣的。

劳动是人类的第一需要。然而，很多父母心疼孩子学习压力大，或由于溺爱自己的孩子，就省去了他们做家务的时间，使孩子渐渐养成了不爱劳动的习惯。

强强是个六年级的孩子，以前的学习成绩很好，也很喜欢帮助父母做一些家务。

但是有一次，强强数学考试得了69分，妈妈一听，脸上就露出了不悦的神情。强强并没有太当回事，因为他觉得自己尽力了，而且事后他也进行了反思。那天写完作业，他照例去厨房帮妈妈洗菜做饭，妈妈一看到他便呵斥道："还不去学习，跑来这里做什么？"强强笑着说："我作业写完了，您那么辛苦，我帮帮您。"

妈妈听了更生气地说："你要真想帮我就去好好学习，不要在这里帮倒忙，学习好了就什么都有了，一个男孩子学做什么家务啊！"接着，妈妈又开始数落强强学习上的不足，直到说得强强悻悻地离开。

回到房间的强强怎么也想不明白，自己一番好意，想分担一些妈妈的辛苦，为何被说成帮倒忙，还被批评了一通。

从这以后，强强再也不做家务了，但他也不想学习，而是坐在书桌前发呆，跟父母的关系也一日比一日冷淡。当然，他的学习成绩也是一路下滑。

学习固然重要，但我们还是可以让孩子抽出少部分时间来从事家务劳动。在孩子的成长过程中，体力劳动起着重要的作用。让孩子从小爱上劳动，不仅可以磨炼他们的意志，而且可以使他们养成吃苦耐劳的品德，为孩子顺利成才铺平道路。让孩子爱上劳动，是使孩子习惯于劳动，适应劳动，自觉自愿地参加劳动，劳动是一个人生存和发展的基本需要。

只懂得学习的孩子一进入到社会就会有适应能力差，动手能力差，遇到困难容易退缩等表现。热爱劳动的孩子更懂得享受生活，具有更高的情商，他们往往在面对困难时有坚强的意志和不屈不挠的奋斗精神，因此更容易获得成功。因此，家长应从小培养孩子热爱劳动的好习惯，并且要注意以下几点：

1. 安排孩子从事适合其年龄特点的劳动

有时候，孩子会突然想做某件事情，但是这件事情却不适合孩子做。这个时候妈妈要做到既要给孩子劳动的机会，又不能因此让孩子对劳动失去兴趣。比如，一个3岁的孩子想要洗衣服，这根本就是一件做不到的事情，如果真的给他一件衣服让他洗，可能到最后会因为有难度而放弃，从此他就会对劳动丧失了兴趣。这个时候妈妈可以给他一条小手绢让他洗，这样既没有给孩子造成困难，又满足了孩子的兴趣。而如果孩子想用水果刀削水果，或是提开水壶，这些都是很危险的事情。这个时候，妈妈要告诉孩子，这样的事情等他长大以后才能学着干。

一般来说，3岁左右的孩子在家长的帮助下，要能逐步学习进餐、穿衣脱裤、解大小便、收拾玩具或帮成人取放物品等；4岁左右的孩子要求他们能独立迅速地穿脱衣服、折叠衣被，做些简单的家务，如抹桌子、扫地、洗袜子等；五六岁的孩子应要求更高，要形成良好的劳动习惯，并有始有终地做自己能做的事。双休日包饺子时，孩子也想参加的话，父母们应该欢迎孩子的加入，教给孩子正确的方法，让孩子揉一揉、看一看、想一想、最后尝一尝，体验自己劳动带来的快乐。

2. 孩子干得出色，就要及时表扬

孩子还处在生长发育的阶段，他们的劳动成果当然不可能是完美的，甚至有时候可能与预期的相差很远，但是父母不应该嘲笑或者忽略他们的劳动成果，而应该尊重他们，给予他们鼓励和表扬，受到鼓励的孩子得到心理暗示，就会在以后的生活中继续帮助爸爸妈妈做家务劳动。这种刺激与激励的方法更容易让孩子继续保持热爱劳动的好习惯。

3. 和孩子一起做家务劳动

孩子是非常喜欢和家人一起做家务的，如和妈妈一起择菜洗菜、收叠衣物、清扫房间、整理花木；节假日和全家人一起包饺子、打扫卫生等。妈妈和孩子一起劳动，可以提高孩子对劳动的兴趣，融洽家庭气氛，增进母子感情，还能培养孩子的协作精神。在与孩子一起劳动时，妈妈应以身作则，以自己对劳动的热爱之情来感染孩子，给孩子树立一个良好的学习榜样。

4. 教给孩子一些劳动的方法

孩子有着超强的模仿能力，所以妈妈可以让孩子在游戏中仿效成人劳动，学习一些实际的劳动方法。比如，孩子有一个美丽的洋娃娃，并且很喜欢它。这时，妈妈就可以让孩子给洋娃娃洗澡、洗衣服、铺床等。这样既符合孩子的兴趣，又让孩子从中学到了东西。对于一些难以掌握的劳动技能，就需要妈妈耐心地讲清方法并给以示范。大家都知道，让孩子学会系鞋带是一个难题，有的孩子只会打死结。这个时候，如果把孩子训斥一顿，就会影响孩子劳动的积极性。因此，妈妈要用正确的方法对孩子进行指导和示范，并创造条件让孩子反复练习。另外，在教孩子做一些事情的时候，妈妈不要

急于示范，更不要伸手代劳，而是先让孩子先动脑筋，看他能否独立地想出办法来。

让孩子自己独立完成作业

现如今，大多数孩子都是独生子女，父母们对孩子的学习都是特别关注。相信很多父母都有这样的经历，从孩子一上学，在孩子写作业时就拉把椅子坐在旁边进行监督。父母在孩子旁边陪着、看着，提示孩子怎么思考、怎么写，提醒孩子专心、抓紧时间、姿势端正，孩子做完后替孩子检查错误。其实，父母们的这种做法是错误的，因为那样做孩子就无法养成独立完成做作业的习惯。

一位妈妈就曾经这样大倒苦水：

我天天陪着儿子做作业，他有不会的我教他，他出了错我给他检查、督促他改。原以为他能养成好习惯，哪知道，我临时出了几天差，没法陪他做作业，他不但有一天的作业没有写，剩下几天的作业错误连篇。我问他："为什么不认真做作业？为什么不好好检查呢？"结果，他竟然理直气壮地说："谁让你出差了？不都是你给我检查作业的吗？"我都不知道说什么好了。

遇到这样的情况，可能我们也不知道该说什么了。作业原本是每个学生都必须要完成的学习任务，独立完成家庭作业，是孩子应该养成的学习习惯之一。老师布置的作业，大都是对当天学习内容的巩固，或预习与当天的内容紧密联系的新知识，本意是借助于这些作业，培养学生对知识循序渐进的理解和运用能力。这样的家庭作业，只要认真思考，是不难独立完成的，根本不需要家长的参与；相反，如果家长越俎代庖，不但达不到老师的要求，还会使孩子滋生依赖心理，形成了习惯，势必影响孩子上课的注意力，他会认为课堂上听不懂没关系，反正回家有人帮忙，这样，又养成了学生不专心听讲的坏毛病，真是贻害无穷。

其实，家长要求孩子独立完成家庭作业，还是培养孩子自信心的好办法。别小看家庭作业，它可以让孩子品尝到解决问题，获得成功的快乐，同时这些小小的成就感又会激发他们的学习兴趣。

因此，父母们应该改一改陪伴式的方法了，不要再陪着孩子做作业，要让他学会自己思考与检查作业。

那父母应该怎么做呢？

1. 给孩子创造一个良好的环境

家长要给孩子创造一个安静、和谐的环境，那样才能让孩子静心。如果爸爸在看报，妈妈在看书，孩子在写作业，这样的氛围该是多么温馨啊！

2. 相信孩子能做好作业

有些父母不是不想让孩子自己写作业，只是一看到孩子不是写错字就是忘掉一道题，心里就会跟着着急，最终，不得不陪着。其实，孩子写作业写错一两个字，或者因为粗心忘掉一道题，这都是正常的事情。更何况，孩子也不可能次次作业都出现这个毛病，他也会自己注意的。

因此，我们要相信孩子，我们的信任反而会让孩子变得自觉起来。孩子也会犯错，我们可以不用每次都去提醒他，当他因为作业出错或者没有做完全部作业时就会受到老师的批评，几次批评之后，孩子自然就会记住要认真对待作业。

3. 提高孩子做作业的兴趣

孩子的作业多半是对当天学习的复习与总结，偶尔会有一些课外的延伸性作业。我们可以利用这样一种说法来提高孩子做作业的兴趣：“学了一天的知识，你一定很有收获。想想今天都学了什么，然后再用作业来复习一下吧，你就能将这些知识记得更牢靠了。”

当然，我们也可以运用一些技巧。比如，帮孩子巧妙安排做作业的顺序，先让他做他最感兴趣的学科的作业，这样他做起来就会得心应手，效率自然也就提高了。同时，我们还可以帮孩子科学安排做作业的时间，不一定非要让他一口气都写完，可以允许他中间休息5~10分钟。正确的做作业的技巧将能帮孩子更快更好地完成作业。

4. 教给孩子正确的思考方法

当然，提倡让孩子独立完成作业，并不是要求家长对孩子的学习不闻不问。家长需要做的，是督促孩子独立完成作业，检查作业的效率和质量。当孩子遇到困难时，家长要善于启发孩子，寻求正确的解题思路。要变“授之以鱼”为“授之以渔”，教给孩子正确的思考方法。

例如小学生的造句练习，雯雯的父亲做得就很好。雯雯遇到一个词不会造句，不得不向父亲求教。父亲让孩子自己从课文中找出包含这个词的句子，认真朗读，并联系上下文说说这个词的意思，必要时还可以查查工具书，把词义弄懂；然后，再让孩子联系实际生活和平时说话的语境和语调，恰当地运用这个词。孩子的难题很快迎刃而解，造出了令人满意的句子。最后，父亲向雯雯竖起大拇指，说：“你造的句子真棒！”渐渐地雯雯的语言表达水平大幅度提高。

5. 逐渐帮孩子纠正“不陪不写”的毛病

也许有的孩子已经养成了“不陪不写”的坏习惯，那么我们最好立刻停止这种陪伴。在得知孩子的作业量与做作业时间之后，我们可以找借口出去，或者离开他的身边，估计时间差不多的时候再回来，并检查孩子是否完成了作业。

如果孩子完成了，我们要给予表扬，因为这是他自己主动独立完成的，我们可以借此机会鼓励他争取以后天天这样做；但如果孩子没有做或者只是在应付作业，我们要让孩子自己去改正错误。不过，此时我们不能太过严厉，要不孩子可能会感到厌烦。

相信只要父母们有耐心，用对了方法，孩子就会慢慢养成自己独立完成作业的好习惯。

鼓励孩子勇敢地表现自我

张艺谋到河北一个偏僻的小山村选演员，他对村民说："谁想拍电影就站出来！"问了几遍，村民们都不敢回应。最后，一个十四五岁的小女孩站了出来："我想。"她叫魏敏芝，就是这个普通的山村小女孩，因为勇敢地站出来，担任了电影《一个都不能少》（此片荣获第56届威尼斯国际电影节金狮奖）的女主角，几乎一夜间她出了名。7年后，她考上了西安一所大学的编导专业，后来到美国继续留学深造。

如果当初魏敏芝没有勇敢地站出来，也许她现在还在那个偏僻的小山村里，面朝黄土背朝天地辛勤劳作。

学会表现自己，这对孩子以后的成功非常重要。在当今竞争激烈的社会中，酒香也怕巷子深，一个人即使有旷世之才，如果不能表现或不善于表现自己，也难以觅到用武之地。所以，家长要教育孩子当伯乐出现时，千里马不应该躲在马群里，应该跳出来、跑起来，这样才会让伯乐发现千里马。

可是，为什么很多孩子都不爱表现自己呢？这可能是由于以下几种原因造成的：一是孩子的性格偏内向、文静，在人多的场合不爱说话；二是孩子缺乏自信，遇到机会时不敢表现自己；三是孩子很少得到别人的关注，内心过于敏感、多疑。

每个人得到机遇的机会都是平等的，关键要看你如何把握。站出来才能被看见！因此，家长要鼓励孩子勇敢地站出来，展示自己的闪光点，把握住身边难得的机会，以取得更大的成功。

面对不爱表现自己的孩子，家长应该怎么做呢？

1. 引导孩子强化自己的优点

每个孩子都有自己的优点，比如，性格内向的孩子，做事相对耐心、细致、稳重。家长要及时发现孩子的优点，并有意识地鼓励、教育、培养，强化孩子在这些方面的优势，为孩子储备表现自己的能量。比如，孩子喜欢画画，就可以给孩子报个绘画班，让孩子通过专业的训练提高绘画的才能，以后有适当的机会，就可以让孩子展现自己的绘画才能。

2. 鼓励孩子勇敢地表现自己

当孩子有一些表现的欲望时，家长要及时表扬、鼓励，增强孩子的自信心。即使孩子表现得不理想，家长也要首先肯定孩子能站出来的勇气，再给孩子提出一些更好的建议，并坚信孩子可以有更好的表现。比如，家长可以从鼓励孩子上课举手回答问题入手，只要孩子上课举手了，即使老师不提问，也要鼓励孩子的勇敢；如果老师提问了，孩子回答错了，家长同样要鼓励孩子的勇敢，当然，当孩子回答正确时，家长更要鼓励、表扬孩子“真棒”！在这样不断地鼓励下，孩子才会更有信心、有勇气，在课堂上举手发言，大胆地表现自己。

3. 为孩子提供展现的机会

邀请孩子的小伙伴或亲朋好友到家里来玩，让孩子展现自己的才能：唱歌、舞蹈、绘画、朗诵、演奏乐器、手工等，孩子喜欢表现哪方面就展现哪方面，并且要多给予掌声，因为掌声是对孩子勇敢表现的最好鼓励；多带孩子参加一些体育活动，让孩子在锻炼身体的过程中，表现自己的勇气和自信；让孩子为家庭活动出谋划策，鼓励孩子说出自己的建议和想法，只要合理就可以付诸行动，孩子会从中感受到表现的成功与满足。

4. 鼓励孩子参与竞争

几乎每个学期开始，班里就要竞选班干部，家长要鼓励孩子勇敢地参加竞争。在孩子竞选期间，父母可以帮助孩子分析自身的优势，如果被选上能为班级做哪些事情，如何演讲才能最受同学们欢迎。无论结果如何，只要孩子迈出了这一步，就是一种成功。另外，家长在根据孩子的性格特点对他们的表现欲进行正确引导的同时，也要注意把握好一个度，不能让孩子过分地表现自己，以免滋生虚荣、浮躁心理。

培养孩子凡事自己动手的好习惯

有些能力，需要孩子自己去动手才能逐渐培养起来，也才能体会其中的乐趣和成就感，如果总是依靠父母，那么孩子永远也无法体会到其中的乐趣。

小悦悦4岁，一天她的妈妈买回了日用品，正在厨房打开冰箱，把鸡蛋放在冰箱里。小悦悦本来跪在厨房的桌子上看着妈妈把买来的食品拿走，当妈妈把放鸡蛋的盒子从冰箱里拿出来放在桌子上，然后把鸡蛋从买来的食品袋中拿出来时，悦悦便伸出手去抓盒子，也想帮着把鸡蛋放到鸡蛋盒里，“别动！悦悦，”妈妈大声叫道，“你会打碎它们的，最好让我来做这个。亲爱的，等到你长大一点儿再来帮忙好吗？”

妈妈无意中打击了悦悦的自信心。她所得到的印象是她太小了，根本不可能做好这样的事情。由此及他，悦悦会放弃许多努力，乖乖地等待大一点儿这个时刻的到来。其实一个两岁的小孩儿，只要她小心，是可以把鸡蛋放好的。如果我们看到孩子完成这项工作以后，脸上是多么兴奋地发着光，我们就会懂得这一点一滴对孩子的成长是多么重要！

小强的鞋带开了，但他怎么也系不好，然后就坐着等妈妈过来帮忙。后来，他干脆不想自己动手，只要遇上类似情况，他就大喊妈妈，然后妈妈很有耐心地为他系好了鞋带，一次又一次。这时的小强会感到什么呢？他会感到他自己真的是太笨了，而妈妈真的是有魔力，能那么快就把鞋带系好。这样，小强得到的信息又是什么呢？他觉得，算了吧，我没办法和妈妈相比，我不用努力了，以后不但鞋带需要妈妈来系，衣服也让大人给我穿吧，这样更加方便一点儿。

在孩子的婴幼儿时期，面对着大千世界，他们常常感到束手无策。但是，仍然有勇气进行各种尝试，要学习各种方法，以使自己适应，使自己能够融入这个世界中。可是在这个时候，我们成年人往往无意之中给他们设置了许多障碍，而不是帮助他们。我们这样做的根本原因是不相信他们的能力。

作为家长，在我们的意识中已经形成一定的偏见，如认为孩子只有在某一个年龄阶段，才能做某一件事情。比如一个两岁的孩子，如果帮助我们收拾桌子，当他手中拿到一个盘子的时候，我们会很快地说："不要动它，你会打碎它的。"这样你可以保存好那个盘子，但是你的举动在孩子的内心投下了阴影，而且推迟了他某种能力的发展，或许你阻止了一个小天才的产生。大人们常常不经心地向孩子们展示自己多么有能力、有魄力、有气力。我们的每一句话，像"你怎么把房间搞得这么乱""你怎么把衣服穿反了"这类话，都会向孩子们显示他们是多么的无能，是多么的缺乏经验。我们这么做就会使他们慢慢失去了信心，失去了自己努力去探索、去追求、去锻炼自己的自觉性，忘记只有通过各种锻炼和闯荡才能使自己成为一个有用的人；会使孩子怀疑自己的能力，减弱他们的进取心。

因此，家长一定要注意培养孩子的动手能力。那么具体应当怎么做呢？

1. 放手让孩子去做事

父母不要什么事都替孩子做，当孩子长到一定年龄，他自己能做的事，父母就要让孩子自己去做，比如吃饭、穿衣、收拾玩具、打扫房间、帮父母做事等。父母不要总是认为孩子小，什么事都做不好，不给他尝试的机会，这样孩子永远什么事都不会做，都做不好。

只有该放手的时候就放手，孩子才能学会自己飞翔。父母不能总是把孩子放在自己的羽翼下。只有让孩子站出来面对风雨，经历坎坷、磨难，孩子才会勇于面对人生，明确自己要走的路。

2. 赞赏孩子的劳动成果

当孩子自己动手做事情的时候，无论做得完美还是有点儿糟糕，父母都要对他的成果给予积极的评价，从不同的方面肯定孩子，让孩子看到父母对自己行为的赞赏。没有做好的地方，父母要告诉孩子下次应该注意什么。如果整件事做得令人满意，自然会增加孩子的自信心和成就感。

只要孩子用心做了，不管结果如何，这种心情都是值得肯定和赞扬的。父母此时夸赞孩子，对他进行鼓励，会使孩子更加愿意用自己的双手，去创造事物，完成一项任务。

3. 利用游戏锻炼孩子的动手能力

孩子的本性是好动的、爱玩的，父母可以利用孩子的这种天性，来培养他的动手能力。父母可以多给孩子买一些用手组装和控制的游戏，尽量少买自动的或者遥控玩具，这样能增加孩子的动手能力，避免他变得懒惰。

比如，父母可以给孩子买一些积木、拼图、手动变形金刚、剪纸、叠纸、篮球等玩具，只有自己动起来，才能让玩具发挥效力，孩子自然会很乐于动手去玩了。

孩子经常在游戏中动手，做其他事情的时候，也会乐于亲自动手，显示出自己的能力。

4. 鼓励孩子不怕失败

孩子的动手能力差，很大程度上的原因是他害怕失败。孩子往往想到一些事情，但是却不敢去做，他担心会失败、会做不好，这样会遭到同学的嘲笑或者父母的批评。父母应当帮助孩子打消这种顾虑。当孩子有什么想法时，父母要鼓励他去试一试，告诉孩子即使失败也没关系，关键是敢于尝试，这样才能获得成功的机会，才能验证自己的想法是否正确。

不要盲目满足孩子的所有要求

6岁的芳芳和5岁的表妹菲菲一起玩，妈妈分别给每人一盒酸奶和一瓶可乐。芳芳很快就喝完了所有的饮料，而菲菲却还剩下一瓶可乐。当菲菲玩累了，喝可乐的时候，芳芳也向爸爸要可乐喝。爸爸考虑到芳芳已经喝了很多饮料，就拒绝了她的要求。没想到，芳芳就趴在地上，哭着打起滚来。爸爸没办法只好拿来半瓶可乐，迁就他。没想到，芳芳一看是半瓶，就把瓶子扔到地上，还拿脚踹，而且哭得更厉害了。妈妈只好拿来一整瓶可乐给他，他才停止哭闹。

芳芳的父母一味地迁就孩子，只能导致孩子变本加厉地向他们索要东西，也会使孩子成为一个“以自己为中心”的人，最终受害的还是芳芳自己。

人的欲望是无止境的，对于没有自制力的孩子加上父母的溺爱这种欲望会更加强烈，如果家长不加以节制会让孩子变得贪婪，不懂得珍惜，不懂得为别人付出。因此，家长不能轻易满足孩子的要求，应该学会对孩子的要求说“不”。

“不”不仅是一个字的回答，而且是一种教养策略。父母通过说“不”可以帮助孩子发展诸如自立、自律、尊重他人、正直、容忍的能力和其他许多对成功至关重要的个性品质。同时，对孩子的无理要求坚决说“不”，使孩子从小就知道，他不是家中的特殊人物，不能对家长提什么特殊的要求，也不可能以什么极端的手段要挟父母。他们时时能感受到家长的爱，但是，这爱是有原则的。从小生活在原则中，他们长大也会成为有原则的人。

因此，对于孩子的要求，我们不要有求必应，百依百顺，而是要把握好度，凡是不利于孩子独立成长的要求，我们都不要给予满足。那么父母们应该怎么做呢？

1. 不迁就孩子，要言出必行

孩子经常会提出一些要求来挑战我们的耐心。如果我们一味地满足他，只能让他变本加厉地使用各种手段迫使我们去答应他的所有要求。为了避免出现这种状况，我们对孩子的承诺一定要兑现，对孩子禁止的事情就一定要坚持，不能因为孩子哭闹而心软，也不能因为自己心情好而对孩子网开一面。这样，我们才能建立起威信，让孩子明确地感觉到我们是言出必行的人。这样，孩子就会明白耍赖是无效的，也就不会提出那么多不合理的要求。

2. 不要无休止地满足孩子的所有要求

我们无休止地满足孩子的所有要求，不断地迁就他，就会助长他的依赖性。而且，孩子认为我们会满足他的所有要求，我们所做的 切都是理所当然的，完全不懂得感谢我们对他的付出。

因此，我们要理智地面对孩子的要求，要读懂他内心的真实想法。当孩子向我们提出要求时，我们先要思考一下，这个要求是否合理，是否利于他养成独立生活的能力，是否利于他健康成长，等等。

凡是合理的要求，我们都要尽量满足孩子；凡是不合理的要求，我们一定要懂得拒绝。只有这样，孩子才能从中判断哪些事是应该自己去做的，是不应该依赖家长的，他才能在生活中慢慢独立起来。

3. 拒绝孩子的要求时要做到以理服人

当孩子跟我们提出不合理的要求时，我们要使用合理的理由使他信服。

比如，孩子想要买奢侈品，我们要让他明白，我们并非没有能力给他买奢侈品，而是让孩子明白奢侈品会使人虚荣、堕落、浪费金钱，最终会害了他；我们还要让孩子明白，满足孩子合理的需要是我们的爱和责任，拒绝他的不合理要求也是我们的爱和责任。这样，我们给孩子以信服的理由，而不是单纯地拒绝，孩子接受起来就会容易得多。

4. 延迟满足孩子的要求

在日常生活中，如果孩子提出某个要求，我们就马上让他“心想事成”，会使他习惯性依赖我们的帮助，这将会导致他每次都要通过立即满足来达到目的，不能独立做事，更不会挑战遇到的困难。

所以，当孩子提出要求时，我们先不要立即满足他，而是采用“延迟满足”的方式，让他学会等待，让他学会先依靠自己的能力去面对。比如，当孩子在生活中遇到了困难而寻求我们的帮助时，我们不要立即答应帮助他，而是要鼓励他自己想办法解决，然后在必要的时候，给予适当的指导。

给孩子的第一本独立自主书

PART 2

多份担当，让孩子为自己负责

一个人若是没有热情，他将一事无成，而热情的基点正是责任心。

教育孩子做事情要有计划

做事情没有计划的人，不管从事哪一行都不可能取得成就。一个在商界颇有名气的经纪人把“做事没有计划”列为许多公司失败的重要原因之一。

“凡事预则立，不预则废。”做事有计划对于一个孩子来说，不仅是一种做事的习惯，更重要的是反映了他的做事态度，是孩子能否取得成就的重要因素。对于孩子来说，做事有计划是一种需要终生都要保持的良好习惯。因为它可以帮助孩子有条不紊地处理学习和生活中的事情，而不至于手忙脚乱、无从下手。

然而，在现实生活中，很多孩子都有早晨起床找不到袜子、学习用品或者生活用品的现象，这便是做事缺乏计划性和条理性的坏习惯所导致的。做事情缺乏条理、没有计划是儿童时期的一种自然反应，但是，如果父母不注意引导，孩子往往就会养成不良的习惯，从而给自己的一生都会带来麻烦。所以说，教育孩子从小有制订计划做事情的观念，对他们的一生是大有裨益，非常重要的。

那么，父母如何培养孩子做事情的计划性呢？

1. 了解孩子做事没有计划性的原因

做事没有计划性是孩子在儿童时期最常见的表现，由于孩子的逻辑思维不强，所以不容易把事情安排得井井有条。正是因为如此，我们就常常替孩子安排生活。比如，我们早晨叫他起床，傍晚催促他写作业，晚上监督他按时睡觉，周末还要安排他去哪里玩。于是，孩子常常在我们的指挥下生活，他根本没有自己做计划的机会。

某些时候，孩子表现出想要自己安排生活的欲望，我们却总是“及时”地打压他，让他听我们的。听话的孩子固然会受到妈妈的喜爱，但是乖孩子却通常很依赖父母。从某种程度上来讲，孩子之所以乖，是因为他离不开父母，所以不得不“乖”。

而那些想要计划自己生活的孩子，却被我们看作是不听话的孩子，在不断地打压下，他们只好变得没有计划性，凡事都听我们安排了。

所以，当孩子想要按照自己的想法做事，按照自己的计划行事时，我们不妨允许他按照自己的计划去做。也许，他的计划没有我们安排得那么合理，但他却能因此养成按照计划做事的好习惯。

2. 告诉孩子做计划的重要性

马上就要开学了，伟伟却开始犯愁，他的暑假作业还有一大半没写，这该怎么办呢？看着伟伟每天早早起床，连饭也吃不好，“加班加点”地写作业，妈妈忍不住地说：“刚放寒假的时候我就提醒你做个‘作业计划’，你不肯听。早知现在何必当初……”

伟伟皱着眉头说：“妈妈，我已经知道错了。以后做事情，我一定先做计划。”

我们平时经常提醒孩子做计划，可他们往往把我们的话当作耳旁风，甚至对我们的“唠叨”产生逆反心理。而当孩子由于做事没有计划性而吃到苦头的时候，我们不妨及时“提醒”他一下，让他牢记做事没有计划性所带来的后果。这样，他就能认识到做计划的重要性了。

不过，需要注意的是，在提醒孩子的时候，我们一定要注意语气，不要用批评、指责甚至挖苦的语气去“提醒”他，否则就会招致孩子的反感。

3. 告诉孩子做事情要分清先后

要让孩子养成有计划做事的好习惯，家长就应该让孩子知道，在任何时候做任何事情，都有主次之分，一般情况下，将要做的事情按照轻重缓急排序，主要的、重要的事情要先做，不重要的、次要的事情可以放在后面完成。

如果孩子懂得了这一原则，做事就会变得有条理起来。

4. 教孩子做计划

要让孩子做事有计划，父母可以向孩子示范自己的计划。即把自己的计划告诉孩子，并且征求孩子的意见，让孩子帮着计划。比如，在周末的清晨，可以这样对孩子说：“今天我想好好安排我们的活动，吃完早饭后，我们到公园去看花展，然后回来吃午饭，午饭后你小睡一会儿，1点钟我们去少年宫学画画，3点钟我带你去海洋馆，回来后，你要写一篇一天的见闻，你觉得这样安排好不好？”

这种示范不仅可以帮助孩子理解计划的重要性，而且，他能够学着去安排自己的事情。

如果孩子对父母的计划提出了疑问或者孩子有了计划的意识后，父母就可以让孩子来安排、计划一下了。

比如，一家人有老有小，在周末的时候去公园游玩，孩子往往会喜欢玩一些新奇刺激的活动，像碰碰车什么的。于是，可以让孩子将一些活动，如划船、拍照、玩碰碰车、钓鱼，按一定的次序和时间来安排，既要照顾大家，也要考虑个人的喜好。如果孩子安排得合理，就按照孩子的安排去做。如果安排得不合理，就要跟孩子讲清为什么。

这种实践性的锻炼最能培养孩子做事有计划的习惯。对于孩子自己的事情，父母更应该让孩子自己来安排和计划，这样孩子就能够更好地遵守自己的计划。

5. 督促孩子完成计划

在孩子学会制订计划之后，我们就应该督促他完成计划。因为，计划做得再好，如果不去执行，也只是空计划。可是，孩子的年龄小，自控能力也差，很多时候制订了计划却不能很好地执行。这时我们就应该及时督促他、提醒他，并随时检查他完成计划的质量。这样，才能让他养成按时完成计划的好习惯。

当然，有些时候，因为事前对任务的难度和所需要的时间估计不足，这时候，家长可以引导孩子学会调整计划，使其更合理。

懂得自省是最高的智慧

苏格拉底认为："未经自省的生命不值得存在。"自省即自我反省。是一种自我道德修养的方法。通过自省，一个人可以提升自己的思想水准，完善自己的道德境界。自我反省的能力是人们一种内在人格智力，是认识自我、完善自我、不断进步的前提条件。

金无足赤，人无完人。犯了错误不要紧，重要的是态度。犯了错而不敢承认，是欠缺自信的表现。因为一个有自信、有实力的人，不会为了这一两次的失误，就完全否定了自己的价值和能力。如果知道那些错误，却不反思，看着错误不断重演，对个人能力的提升，没有任何帮助。因此，只有自我反省，才能修正缺失。一个有反省能力的人一旦有了错误，就能主动接受批评和自我批评，认真反省自身缺点，从而不断改进自己、升华自己。

英国著名小说家狄更斯的作品之所以非常出色，是因为他对自己有一个规定，那就是没有认真检查过的作品，绝不轻易地读给公众听。每天，狄更斯会把写好的内容读一遍，认真去发现问题，然后不断改正，直到自己觉得最满意后才读给公众听。

无独有偶，法国小说家巴尔扎克也会在写完小说后，花上一段时间不断修改，直到最后定稿。这一过程往往需要花费几个月甚至几年的时间。正是这种不断自我反省、自我修正的态度，让这两位作家取得了非凡的成就。

事实上，每个人在做事的时候都要持有自我反省、自我修正的态度，一个善于自我反省的人，往往能够发现自己的优点和缺点，并能够扬长避短，发挥自己的最大潜能。而一个不懂得自我反省的人，则会一次又一次地犯同样的错误，不能很好地发挥自己的能力。

自我反省是孩子成长的一个秘诀。一个不会自我反省的孩子永远也长不大。学会自我反省，就等于掌握了自我完善和健康成长的秘方。

但是，人并非生来就懂得自我反省、自我修正，如何才能培养孩子的自我反省能力呢？

1. 让孩子学会接受批评

要教会孩子反省，就得让孩子学会接受批评。如果一个人能坦然接受批评，这对他的成长将会有很大好处。法国心理学家高顿教授通过一项专题研究证实，那些难以接受批评的孩子长大后，大多会对批评持“避而远之”或干脆“拒之门外”的态度。因此，父母应该让孩子在幼儿时期就学会接受批评，这不仅能够塑造孩子健全的人格，而且可以帮助孩子在其他方面取得成功。

2. 不要一味指责孩子的错误

孩子犯错之后，就会对自己产生责备的情绪，会感到后悔和羞愧。当孩子犯错误时，妈妈不要一味地指责孩子，而要平静地指出孩子的错误，促使孩子学会自我反省，激发起它们想纠正错误的想法，这样孩子在今后的生活中，就会少犯或是不犯类似的错误。

彤彤很喜欢小金鱼，家里鱼缸里的金鱼经常被她背着妈妈拿出来玩。妈妈偶然看到时很生气，但是彤彤对妈妈的教育根本就听不进去，仍是我行我素，于是妈妈决定让孩子自己认识到自己的错误。

过了不长时间，鱼缸里的金鱼因为被彤彤拿出来玩，都死了，妈妈并没有去批评彤彤，也不买新的金鱼。妈妈问彤彤："你知道我们为什么不买新的金鱼吗？"彤彤想了想，说道："因为我把金鱼捞出来给弄死了。妈妈你们去买吧，我知道错了，我再也不把它们捞出来了。"

妈妈很高兴孩子意识到了自己的错误，就带着孩子一起去买了金鱼。

每个孩子都希望得到表扬，不希望听到父母的批评，但是适当的批评对孩子的成长是有利的，关键是要掌握好方法。当孩子做错事时，妈妈不要一味地斥责，这样容易引起孩子的反感，甚至会激发起孩子的逆反情绪。可以采用冷静的态度，从侧面引导孩子进行自我反省，认识自己所犯的过失，从而帮助孩子形成正确的是非观念。

每个孩子都有强烈的自尊心，如果妈妈用责骂的方式会严重伤害孩子的自尊心，并不能帮助孩子从思想上认识自己的错误。如果妈妈能宽容地对待孩子，孩子会感谢你的理解，进而自觉地反省和调整自己的做事方法，并作为自己的行为规范保持下去。

妈妈也不要在外人面前指责孩子，对孩子的批评要符合实际情况，不要夸张，做过多更坏的推断，这样才会真正让孩子学会反省。

3. 让孩子承担做错事的后果

孩子做错了事，很多父母常常喜欢为孩子承担后果，使孩子觉得做错了也没关系，因为有父母在帮助自己。父母这样做会使孩子丧失责任心，不利于培养孩子自我反省的能力，今后还会再犯类似的错误，所以，父母应该让孩子自己去承担犯错的后果，这样才会促使孩子学会反省。

老师来乐乐家里家访了，因为最近乐乐上课总是爱睡觉，无精打采的，老师来看看是不是家里发生了什么事情。乐乐的妈妈立即意识到孩子是因为玩游戏睡觉晚，才导致现在的状况。

妈妈向老师道了歉，将老师送走后，妈妈没有立即批评乐乐，而是将电脑从他的卧室中搬走，还以减少他一个月的零花钱作为惩罚。乐乐虽然很不高兴，但他也知道这次自己的错误在哪里，也甘心接受了妈妈的惩罚。

妈妈要让孩子懂得，如果是自己办错了事，就该自己负责，从而使其引以为戒。有的孩子弄坏了别人的文具，妈妈会为犯错的孩子掏钱，让他为同学买新的；有的孩子打球时打碎了邻居家的窗户，妈妈主动拿钱补偿，这样的做法只会助长孩子不负责任的恶习。

所以妈妈不要事事都为孩子承担，孩子做错了事情，要鼓励孩子认真分析错误，主动承担后果，同时，妈妈还要允许孩子为自己辩解，当然，给孩子辩解的机会，并不是教孩子推卸责任。孩子在辩解的过程中，不仅让妈妈了解到了事情的真实情况，还让孩子学会自我反省。

4. 用负面道德情感促使孩子反省

让孩子自觉地对自己有害于社会或他人的行为感到羞愧和内疚，是一种改变其行为的合理方式。羞愧和内疚是主要的负面道德情感，这种情感体验会更加深刻地促进孩子的反省，其教育效果远比父母直接的正面教育有效得多。

妈妈可以尝试从正反两个方面唤起孩子的反省意识，在生活中经常为孩子灌输诸如正直、善良、勇敢等正面道德情感，也让孩子体验羞愧、内疚等负面道德情感，而且羞愧、内疚等负面道德情感与正面情感相比，更能在孩子的心中留下深刻的记忆，可以促使孩子不断自我反省，区分好坏、是非和美丑，从而改正自己的错误。

5. 让孩子学会总结经验教训

让孩子学会总结经验教训，其实就是在帮助孩子养成自我反省的习惯。孩子将别人心爱的玩具弄坏了，小朋友不和孩子玩了，孩子如果会想："如果是我的玩具被他弄坏了，我会怎么做？"当孩子开始这样想的时候，他就已经慢慢地在学会自我反省了。

另外，孩子考试成绩好的时候，他也会在心里对自己最近的表现进行评价和定位，然后将自己好的行为继续付诸实践，取得更优异的成绩；如果孩子的成绩不理想，遭到很多人的批评，他也会想自己哪些地方做得不够好，应该如何改善。

孩子将结果和过程结合在一起进行自我反省的时候，他们再次行动时就会先考虑再行动，并且会对自己有个更清楚的认识，也会自己判断事情的结果会是怎样，如果最后事情的结果和自己预想的出现了偏颇，他们就会反思自己的行动了，从而调整自己的状态。

很多妈妈喜欢越俎代庖，替孩子做总结，这无疑会掺杂成人的主观价值观，还代替孩子思考，剥夺了孩子自己反省的空间，是不可取的。妈妈要引导孩子进行自我总结和自我反省。当孩子因为没有听从妈妈的指导，考试前没有仔细检查用具，考试时出现麻烦导致成绩不理想时，妈妈不要幸灾乐祸地对孩子说："早和你说了，你自己不注意，现在尝到苦头了吧。"父母的这种态度，只会导致孩子的逆反心理，而不会起到任何教育意义。这时妈妈可以换种语气来引导孩子："你自己想想，如果你按照妈妈说的那样检查一遍，结果会怎么样呢？"这样孩子会乐于接受，从思想上对自己的坏习惯进行反思。

6. 父母要学会使用“诱导自省法”

诱导自省法，也叫冷处理法。当妈妈发现了孩子的错误之后，不要急于纠正孩子的错误，也不要急于对孩子进行教育，而是将孩子的错误置于一边，等时机成熟再对其进行教育。这样的教育方式会促使孩子学会反省自己的错误。

列宁的妈妈就擅长运用“诱导自省法”教育孩子：

有一次妈妈带着列宁到姑妈家中做客，列宁不小心把姑妈家的一只花瓶打碎了。姑妈问是谁打碎花瓶的时候，列宁因为害怕受姑妈批评，便说不是他打碎的。列宁的妈妈知道这件事情是列宁做的，因为他是一个爱动的孩子，在家里也经常打碎东西。

但是，她没有揭穿列宁，而是装出相信他的样子，一直没有提起这件事。每天空闲时，她有意识地给列宁讲诚实守信的美德故事，等待儿子能主动认错，终于有一天，列宁哭着告诉妈妈：“我欺骗了姑妈，我说不是我打碎了花瓶，其实是我干的。”

听见孩子羞愧的述说，妈妈欣慰地告诉他，只要向姑妈写信承认错误，姑妈就会原谅他。于是，在妈妈的帮助下，列宁向姑妈写信承认了错误。

列宁妈妈的沉默和有意引导，让列宁深刻地认识到自己的错误，列宁向妈妈承认错误的时候，已经进行了自我反省。通常孩子会在父母的沉默中反省自己的错误，等孩子考虑清楚后，会主动向父母承认错误，或者父母再找孩子交流，帮助孩子认识到自己的错误，找到正确处理事情的方法，此时，孩子会很容易接受父母的教育。

所以，父母们都应该向列宁的妈妈学习，引导孩子进行自我反省，并针对孩子的思想状况，对孩子进行启发教育，逐渐培养孩子的自我反省能力。

让孩子学会为自己的行为负责

责任感是一个人日后能够立足于社会、获得事业成功与家庭幸福至关重要的人格品质。托尔斯泰认为："一个人若是没有热情，他将一事无成，而热情的基点正是责任心。"

可是，现如今许多孩子都出生在幸福的家庭，父母望子成龙心切，在这美好愿望的驱使下，他们心甘情愿地替孩子做一切事，把孩子的责任担到自己肩上。孩子绊倒了，妈妈教孩子说"凳子是个坏蛋"；吃饭时，孩子把碗碰翻了，妈妈忙怪自己没放好；孩子漏做了数学题，妈妈怨爸爸光顾看报纸，没检查孩子功课；孩子学校春游，妈妈一个晚上醒三次，怕耽误叫孩子早起。西方一位儿童心理学家针对中国存在的这些现象曾说："我不能理解父母们为什么要教育他们的孩子推卸责任。一个不懂得承担责任的人是不会有任何出息的！"

责任心对孩子的全面发展和健康成长，都能起到不可估量的催化和促进作用，一个没有责任心的孩子，即使再聪明，再有知识，有能力，长大以后也难以成材，因此，培养孩子良好的责任心，是关系到孩子将来的命运，决定着孩子人生的大事。

一个负责任的人，面对责任，无论大小，他都不会推卸，因为他知道负责任是一种积极的人生态度。责任也是一种付出，负责任的人在付出的同时会感到快乐，这种快乐会让他的心胸开阔，会让他冷静、成熟。

所以，父母要教育孩子从小对自己的行为负责，不要替孩子承担一切，否则不利于孩子的成长。在孩子的成长过程中，还必须让孩子懂得为自己的错误负责，养成可贵的责任心，这样他才能独立应对生活的考验。

那么，家长应该如何培养孩子的责任感呢?

1. 父母要树立好榜样

父母的行为对孩子具有很大的影响力，父母的一言一行，一举一动，都是孩子效仿的典范。如果父母做错了事情，总是寻找借口，不能勇于承担错误。长此以往，孩子受父母的感染，也会处处为自己寻找借口，逃避责任。一个对孩子、对长辈、对爱人、对家庭、对社会毫无责任感的家长，即使想培养孩子的责任感，孩子也会很不服气，也会很不以为意。

所以，父母要首先为孩子做好榜样，要严格要求自己，特别注意自己的行为规范，那样，孩子在正确行为的熏陶和感染下，就一定会对自己所做的事情具有高度的责任感，进而自觉地去为自己的行为负责。

2. 引导并鼓励孩子勇于承担责任

孩子在犯错之后不敢承担责任或是推卸责任的行为，有时候也会让我们感到恼火。所以，作为父母，要让孩子学会对自己所犯的错误负责。事情的结果即使很坏，只要是孩子独立行为的结果，就应该引导并鼓励孩子勇于承担责任。父母一定不要替孩子承担责任，否则，就等于给孩子提供了逃避责任的机会，会淡漠孩子的责任感。

1922年，11岁的里根因为燃放爆竹违规被警察罚了12. 5美元。在当时，一美元能买10只生蛋的母鸡，这些罚款相当于125只母鸡的钱。父亲替他交了罚款，但却要他归还，也就是让他自己挣出这笔罚款。

为了还父亲的债，里根边刻苦读书，边抽空辛勤打工挣钱。由于人小力单，重活做不得，便尽力而为，或到餐馆洗盘子刷碗，或捡破烂，经过半年多的努力，终于挣足了12. 5美元，他自豪地交到父亲的手里。父亲欣慰地拍着他的肩膀说："一个能为自己过失负责的人，将来是有出息的。"

里根的父亲这样要求11岁的孩子，可以说是非常严厉。挣够钱还父亲的艰辛只有里根自己才知道，他在回忆往事时，深有感触地说："通过自己的劳动来承担过失，让我懂得了什么叫责任。"在做了总统后，他还常常提起少年时的这件小事，他认为，父亲教他学会做一个负责任的人，这让他受益一生。

父亲没有替里根承担过错，而是让里根自己承担过失，这使得里根不得不靠自己的劳动去承担他自己应该承担的责任。里根父亲的做法，值得我们借鉴。

3. 让孩子学会为自己的过失负责

很多父母看到孩子犯错以后，严加管教，但大多数都是简单的打骂，或者进行体罚。这种管教方法并不是在引导孩子为自己的过失承担责任，相反，孩子只会把那些不愉快的经历和教训记在心上。即使孩子不再反抗，那也只是迫于父母的压力，孩子并没有真正明白其中的道理。

"要从犯过失的痛苦中走出来。"马里兰州的心理学家塞奇斯说。他提醒父母不要总盯着孩子的过失不放，但要让孩子从过失中吸取经验教训。

黄思路的妈妈曾经说过这样一件事：

"女儿做错事的时候，我的办法是让她自己承担后果，也就是让她'自作自受'。她出了差错，就得承担责任。她上小学时，有一次到学校排练，走时因为匆忙，忘了拿磁带。我发现了，却没做声，因为我想，提醒她一次，她的依赖心理就会增加一分，那么以后我还要提醒一百次、一千次，不如现在让她受点儿挫折，让事实来教育她。女儿快到校门口才想起来，可是时间不允许她回家取了。她赶快往家里打电话，让我给她送到学校去。当时我放暑假在家，完全有时间给她送去，但是我对女儿说，你自己犯的错误，不应该惩罚妈妈。我让她先到学校报到，向老师说明情况，把节目顺序调一下，再回来取磁带。事实上，我让她多跑了这一次，后来她却少跑了无数次，因为她记住了这个教训。”

在孩子处理自己的事情时，父母要教育孩子不对的事情绝对不能去做，做错事后应该自己负责任。在具体事件中，若出现什么问题，父母不要替孩子承担责任，要受什么处罚就让孩子自己去受。比如，孩子上学迟到，不按时完成作业等，就让他自己去承受老师的批评教育。

教孩子摆脱做事拖拉的坏习惯

很多孩子在吃饭、写作业、洗澡或做家务时总是拖拖拉拉，让家长头痛不已。

小峰今年7岁了，他的学习成绩好，是老师、同学公认的好学生。然而，小峰也有很多缺点，最让妈妈担心的就是小峰那个磨蹭的坏习惯。虽然已经上小学二年级了，可是小峰做什么事都不紧不慢，起床要半小时，吃饭要半小时，上个厕所还要半小时，别人不催，他更不着急。每天放学回到家后，小峰总是慢悠悠地从书包里拿出书，接着摆在桌子上，然后又磨磨蹭蹭地拿出笔，就那么点儿事，他却能用半个小时。尽管妈妈一直催促他“快一点儿，快一点儿”，但仍起不到效果，甚至对他发火他都无动于衷。有时他看似改了，但过不了几天就又犯了老毛病。

很多时候，当孩子做事拖拉时，一些家长会表现得比较性急，加大嗓门冲孩子嚷，对孩子责备不停，有的甚至打骂孩子。这些简单、粗暴的方式实际上起不了多少作用，孩子看上去暂时好像是被吓住了，做事的速度加快了，但是一旦风平浪静之后，孩子照样拖拉。因此，要想让孩子不拖拉，家长应改正自己的教育方式。

事实上，孩子做事拖拉，可能是个性原因，也可能是从小没有训练好。遇到这种情况，家长要做的是“协助”孩子，而非“制裁他”或“代替他做”。

那么，家长针对孩子拖拉的情况，应当采取哪些措施呢？

1. 激发孩子的兴趣

家长可以选择孩子平时最爱听的故事、最爱玩的游戏、最爱看的动画片等，激发孩子做事的兴趣，促使孩子快速行动。如孩子爱听故事，妈妈可以对他说：“你快些把餐桌收拾干净，把碗筷放入盆中，我们就可以将昨天的故事讲完了。”用这种方法家长要注意，不能用谎话欺骗孩子，答应的事情一定要兑现，否则，不仅达不到目的，还会对孩子良好品格的形成带来消极的影响。

2. 培养孩子集中注意力

只有集中注意力，才能提高效率，加快成功的步伐。在平时的生活中，家长要教育孩子，不管学还是玩，不管喜欢还是不喜欢的事，都要一心一意地去完成。比如在孩子玩耍的时候，家长不要频繁催促孩子学习，出门旅行也不要总提到学习的事。如果孩子能专心、高效地完成一件事，妈妈应给予鼓励。

3. 给孩子做好榜样

如果家长也有磨蹭的坏习惯，一定要改，要养成雷厉风行、干净利索、动作快捷迅速的做事习惯，让孩子看在眼里，记在心中。

4. 训练孩子的“手”上速度

孩子因为动作的不熟练，缺乏操作的技巧以至于做事慢，家长可通过教给孩子一些基本的技能，让孩子的动作快起来。例如，怎样穿衣服才能穿得更快，怎样洗漱才能不浪费时间，怎样整理玩具才能取用方便，学习用品摆放要分别归类，先复习后做作业可以节约时间，早晨醒来之后不能再恋被窝，吃饭时不能看动画片，放学回家不能边走边玩。

另外，对于一些手部动作的协调性和灵活性比较差的孩子，家长还应当增加些有针对性的特殊训练，以提高孩子的动手能力。

此外，家长还可通过比赛的方式，提高孩子做事情的速度，具体有三种比赛方式：

(1)让孩子自己与自己比赛。家长可以针对孩子的某一个拖拉毛病，帮孩子设计一张自己与自己“比赛”的成绩表，首先记录下孩子做这件事的最初时间，然后每天记录实际完成这件事的时间，过几天总结一次，促使孩子不断地提高自己。

(2)让孩子与别的孩子比赛。家长可以与孩子一起制订一个和他的同学比谁早到学校的计划，并监督孩子此计划的实施情况；也让孩子邀请同学到家里做作业，并进行一个比赛，看看谁做得又快又好，谁能得第一。

(3)家长与孩子比赛。竞赛游戏的项目可以多种多样，如比一比看谁吃饭吃得快，比一比看谁衣服穿得快，比一比一起做家务活时，看谁在规定时间内做得又快又好，等等。

总之，生活中许多你希望孩子干得快的事情都可以作为游戏的项目。

5. 拒绝包办代劳

现在的孩子享受了父母太多的精心照料与服务，生活中的许多事情都由大人代劳了，于是便习惯性地形成了对家长的过分依赖，即使是面对一些需要孩子自己完成的事情，他也会在那里不紧不忙地磨蹭着，等待家长伸出援助之手。比如孩子早晨起床后磨磨蹭蹭的，家长由于害怕孩子上学迟到而急得不得了，可是孩子却在一旁依然慢条斯理，因为孩子心里明白，自己动作磨蹭一点儿没关系，到时候妈妈会来帮我的，反正上学是迟到不了的。所以，要想让孩子不再拖拉，父母就必须剔除对他的多余的关爱，让孩子远离对父母的依赖，更不能因为看孩子干得慢就包办代替。

6. 让拖拉付出代价

孩子只有在体会到拖拉会给自己带来损失之后，他才能够自觉地快起来，因此，让孩子为自己的拖拉付出代价，让孩子自己去品尝拖拉的后果，不失为一个改掉孩子拖拉毛病的好方法。比方说孩子早晨起床后磨磨蹭蹭，家长不要急，也不要去帮他，可以提醒孩子一下“再不快点儿可要迟到了”。

如果他仍旧磨磨蹭蹭，不妨任由他去，不必担心孩子上学会迟到，其实恰恰就是要让孩子亲身体验一下上学迟到的后果。如果真的迟到了，老师肯定会询问孩子迟到的原因，挨了批评后，他就会认识到磨蹭给自己带来的害处，几次以后自然就会自己加快速度。

7. 给孩子多一些鼓励和表扬

表扬和鼓励比批评和指责能更有效地激发孩子的积极性，孩子受到的表扬越多，对自己的期望也就越高。一般的孩子都较为看重来自外界的肯定或认同，所以，要想让孩子不再磨蹭，父母改变对孩子的评价是必须的。

如果父母能经常对孩子说“你如果再快一点儿就更出色”“你看你做得多快”“真好，现在用不着老提醒你了”等话语，孩子便会受到正面的外部刺激，而这些真诚的鼓励是能够打动孩子的，孩子为了不让父母失望，下次做事就会有意识地提醒自己快点儿。

另外，为了使孩子更有动力，当他做事的速度比以前加快时，或者当他达到了大人的要求时，父母还可以适当地给予鼓励和物质奖励，比如给孩子加一个小红星，带孩子外出游玩，给孩子买他想要的玩具等。用鼓励和奖赏来“催”孩子做事，往往能够收到很好的效果。

总之，拖拉是一种对自己、对他人极不负责任的行为，也是阻碍个人成长的绊脚石。因此，父母要注意培养孩子做事情不拖拉的习惯，那样才能让孩子抓住许多美好的光阴，获得更多成功的机遇。

教育孩子为人要诚实

“牧羊儿与狼”的故事相信很多人都是耳熟能详的，那不仅仅是一种血的教训，更是一种对于孩子本身品质的测试。因为它告诉了我们说谎终究是害人害己，欺骗的行为是很可怕的。林肯曾经说过：“你能欺骗少数的人，你不能欺骗大多数的人；你能欺骗人于一时，你不能欺骗人于永恒。”

说谎只是一种行为，是作弊与不负责任在言语方面的表现。但是倘若将其转化成一种习惯，那后果将无法想象。如果孩子有说谎话的习惯，那不但会影响他健全人格的发展，还会影响其人际交往与今后的生活；严重的话，还可能导致犯罪行为的发生。

孩子是我们的希望，所以我们平时一定要教育孩子做一个诚实的人。

说谎绝不是偶然说说的，必定是养成了一种说谎的习惯，而这种说谎的习惯大多数又是从小养成了的。因此，要想使小孩子不说谎，必须先了解小孩子说谎的原因。小孩子为什么要说谎呢？

1. 小孩子怕父母或教师的打骂

有些做父母的，每逢小孩子做错了一件事，便要骂小孩子或打小孩子。孩子怕骂怕打，便用说谎来掩饰自己的过错，这种掩饰得到父母或教师的宽恕，于是第二次、第三次做错事时，就用说谎来逃避惩罚了。

2. 逃避现实

有时小孩子为了不愿意做或不能做某事时，便叫头疼或肚子疼。用各种谎言去欺骗父母或教师，而这种谎言又往往得到父母或教师的同情，因此以后便也常说谎去推诿了。

3. 好虚名，要面子

一件事本来不是小孩自己做好的，但说是他做的，可以得到奖赏，面子光彩，于是他说谎了；事本来是他做的，但做得不好，怕丢脸，于是他说那件事不是他做的，也说谎了。

4. 贪利

很多小孩子为了口馋，要吃东西，便说谎，又有些小孩子为了要得到很高的分数或奖品，便在考试时作弊还硬说自己的本领高人一等。这都是为了贪利的缘故。

实际上，孩子说谎与他们本质的品性问题无关，只是每个孩子成长过程中常出现的问题而已，关键是如何进行教育的问题。那么父母们应该怎么做呢？

1. 家长要以身作则

家长是孩子最早的老师，一言一行都会影响孩子的成长。所以，作为家长不要把一些无关要紧的谎言当玩笑，或为哄孩子乱许诺而又不兑现。平时，有错误要大胆承认，为孩子树立榜样，不要认为向孩子认错有损自己的威信。

2. 了解小孩子

小孩子愿意做什么，能做什么，希望得到什么，你一定要了解。了解了小孩子的心理与能力，然后让他去做。在做的过程中，你要帮助他去发现问题，克服困难将事情做成功，最后得到奖励。要消除他说谎的动机，鼓励他诚实去做。

3. 学会应用正面的暗示

暗示有两种，一种是正面的暗示，譬如有两个小孩子在一起，一个是诚实的，另一个是喜欢说谎的，你要对那个诚实的小孩子嘉许，奖励他，使那个说谎的小孩子感动，走上诚实之道；另一种是反面的暗示，譬如你的小孩子跑来报告你一件事时，你要信任他，不要说："真的吗，你不要骗我呀？"如果你这样说，在小孩子的心灵上，就种下一个说谎的种子。我们必须应用正面的暗示去感动小孩子，不要用反面的暗示去刺激小孩子说谎的动机。

4. 给孩子讲一些诚信故事

在平时，可以给孩子多讲讲关于诚实方面的小故事，譬如华盛顿小时候砍樱桃树的故事。有一天，华盛顿在园里砍了一棵樱桃树，他的父亲知道了，非常气愤，华盛顿急忙跑去承认，说是他砍的。这时他的父亲不但不责备他，反而嘉许他，鼓励他处处要像这样诚实。以后华盛顿事事做得诚实，绝不说谎，终至成就了伟大的事业。这样的故事，你可讲给小孩子听，拿故事中的人物去做他的榜样。

还可以给孩子讲讲关于诚实的小典故，比如小兔子短尾巴的故事：

在很久以前，兔子的尾巴其实是长的，但后来是怎么变短的呢？

有一天，有只兔子到小河边玩。它看到河对面有一片绿油油的青草，就特别想过到河那边去吃个痛快。可是，兔子是不会游泳的，这可怎么办呢？

就在兔子犯愁的时候，一只老鳖游到了水面上来。兔子红眼珠儿滴溜溜地一转，心里有了主意。它对老鳖说："鳖大妈，听说在这条河里，你的孩子有很多是吗？"

老鳖听了心里乐开了花，它说："是啊，在这条河里，我的孩子数也数不清，要是让它们排成队，在这河面上，可以架起两座桥呢。”小兔子说：“你的孩子有我的孩子多吗？我可不信，不会是逗我的吧？”老鳖一听，着急了：“我才没有逗你呢，你的孩子有多少？我怎么也没有见到呢？”

兔子说：“我的孩子要是都到河边来，怕还挤不下呢。”老鳖有些不相信：“你在吹牛吧？有谁见过那么多的兔子啊？”兔子笑着说：“你如果不信，咱们就来比一比，看看谁的孩子多！”老鳖听了急不可待地说：“行，那怎么个比法呢？”兔子说道：“你先把孩子都叫过来，然后让它们浮在水面上，从河的这边一直到河的那一边，我从这边数过去，数完之后，我也把孩子叫过来，在河边上排成队，让你来数。”

鳖爽快地答应了：“好！”

说着，老鳖就钻进水里，把孩子们都叫了过来，然后让它们浮在水面上，整整齐齐地排成了一行，从河的这边一直排到了河的那一边，真像河面上架起了一座桥。

小兔子一跳，就跳到靠岸边的小鳖背上，再一跳，跳到第二只小鳖背上，它就这么一边跳一边数：“一、二、三、四、五、六、七、八……”数着数着，就数到了河的对岸。

这只小兔子可得意了，它一面往岸上跳，一面说：“哈哈，我没有孩子呀，老鳖上了我的当喽！”

可惜它高兴得太早了，就在它往岸上跳时，那条长长的尾巴还拖在河里呢，当岸边的那只鳖发现上了当，伸出嘴使劲儿一咬，就把那条尾巴给咬住了。

兔子害怕了，它慌慌张张使劲儿一拉，结果就把尾巴给扯断了，只留下了短短的一截。

后来，兔子拥有了很多的孩子。可是，这些兔子的子孙也和自己的兔子祖先一样，只有短短的一截尾巴了。它们并不知道自己的祖先曾经也有过长尾巴呢！

相信小孩子都喜欢听这样的小故事，通过这个故事，让孩子明白一个爱说谎话，利用别人的善良与信任来达成自己目的的人是非常可耻的，教育孩子不能做这样的人。

培养孩子做事细心的好习惯

相信很多家长都曾听过孩子懊恼地说："如果不粗心的话，这么简单的题目应该不会做错。""如果不粗心的话，这次我一定能够考满分。"……乍一听，这些话似乎有很多的遗憾和埋怨，可隐隐之中，又透出些许的满足和自豪！实际上，粗心真的是可以忽视的小毛病吗？答案自然是否定的。

粗心在孩子的成长过程中造成的影响不仅仅是学习不好的结果，它还会给孩子带来不应有的障碍和困扰，轻则事倍功半，重则严重影响孩子的事业、社会交往甚至是人身安全等各个方面。可以说，粗心所带来的灾难可能是我们无法预计得到的。因此，家长一定要注意培养孩子细心的好习惯。

有一位学管理专业的大学生，进了企业后被委以重任，当企业的总计划。这项工作对人的素质要求很高，既要全面细致，又要严谨灵活。两年下来，做得得心应手，深得领导的喜爱，企业把他列为重点培养对象。正当他踌躇满志时，一件事给他的人生打上了深深的烙印：出口产品进行到了最后一道装配工序时，发现零件数量短缺。全厂上下紧急调查，原来竟是总计划数出错。企业不得不启动应急方案，一方面外出采购，另一方面二十四小时不停机地生产，最后零件是抢出来了，可交货期却耽搁了两天。经与外商磋商，外商同意收货，但价格下浮了10%。事后，领导心情沉重，对年轻人说了一句话，一句让年轻人一辈子都不会忘记的话："小伙子，搞计划工作，一字千金啊！"

可见，拥有细心的好习惯，对人的一生都是很重要的，因此，家长千万不要忽视了孩子粗心的毛病。

孩子之所以做事情不够细心，是有原因的。第一，注意力不集中，如有的孩子平时学习总是无法集中注意力，漫不经心，丢三落四，长此以往，就会形成恶性循环，形成马虎的毛病。如果做任何事情都集中注意力，不断提醒自己，就不会出错。第二，注意力极易转移，即注意的稳定性差，常常还在做一件事的时候，就想着其他的事情，因而常出现丢三落四的现象。第三，马虎的产生还与家庭教育方式有关。小时候，家长如果不注重孩子独立性的培养，而是自己亲自动手为其准备好一切，那么孩子由于很少有机会对自己的事情负责，什么也不用考虑，马虎的行为习惯就容易形成。

在了解了孩子做事情粗心的原因后，家长就可以对症下药，给予孩子正确的教育和引导，帮助孩子养成做事细心的好习惯。

1. 从纠正不良生活习惯做起

考试粗心大意的孩子往往是生活不拘小节和没有严谨的生活习惯的孩子。家长应从生活小事抓起，注意培养孩子的良好习惯，甚至一件物品的放置、学习物品的整理、饭前洗手等这样的小事都要严格要求。只有养成好的生活习惯，才能养成严谨的治学态度和好的学习习惯。平时做作业，一个数据的运算，每个步骤的书写，都要认真、规范；整理笔记时每一个符号都要标准，平时书写任何没有把握的字都要查字典乃至笔画都要规范。只有这样，才能养成细心的习惯。

2. 多给孩子细心的心理暗示

如果孩子犯了一点儿错误，父母就简单归结为粗心、不用功，甚至小题大做批评一通。如果家长一再地强调孩子马虎粗心，孩子就会真的认为自己粗心。相反，如果家长能及时观察到孩子的细心之处并加以表扬，孩子心理上就会有一种自己很“细心”的心理暗示。同时让孩子看到细心的好处，从而让其产生克服粗心的主观能动性，才能从根本上解决问题。

3. 注意孩子的细心训练和习惯培养

经常让孩子做一些精细和对比训练，做一些类似“找不同”等提高注意力和辨别力的训练，在实际操作中一点点提高认知能力和视觉辨别能力。通过努力发现并及时肯定孩子的细心来纠正粗心，以强化细心、淡化粗心来达到改变粗心的目的。

4. 让孩子碰钉子

家长可以给粗心的孩子一点儿教训，让他体验到粗心大意带来的严重后果。比如，考试成绩不好了，上学忘记什么了，绝不替他弥补，让他因此吃苦头，从而从中吸取教训。

最后，需要家长注意的是，对待孩子的粗心问题，要有一个正确的态度，不能过分地指责和批评。家长要充分认识到，孩子粗心是与其心理发展水平相适应的，随着孩子年龄的增长，孩子的粗心现象会越来越少。

教育孩子做事情要有始有终

妍妍看到她的朋友都在学习跳舞，便心血来潮，也很想学跳舞。于是，她就对妈妈说自己要学跳舞。妈妈觉得可以将舞蹈作为孩子的一个兴趣与爱好，当然非常支持孩子。为此，舞蹈老师为她制订了一套训练计划，刚开始需要给孩子拉筋，可妍妍还没坚持两天，就觉得太残酷了，整天都要压腿，实在是受不了。

妈妈看着也很着急，一直鼓励她说："坚持一下，你刚开始学，总会辛苦一点儿的。"可还没坚持几天，孩子就叫嚷着再也不学了，妈妈对此很不理解，明明是孩子自己要求学的，为什么遇到一点儿小困难就想要放弃呢？

孩子的行为具有较大的随意性，他们的好奇心很强，兴趣爱好广泛，但往往缺乏坚持性、自制力差，做事总不能专心，常常半途而废。要知道，良好的责任心是要靠坚强的意志力和持之以恒的态度来维持的，而这恰恰是很多孩子所缺失的。美国著名学者安东尼从他亲自策划和主持过的上百次民意测验中整理和归纳了美国500家大企业创立人成功的要点和原则，其中有一条就是：做事情必须像猫追老鼠一样紧追不舍，不能半途而废，否则就会在竞争中一事无成，就不可能拯救自己。这也就是说，要"完成一件事情"必须经得起挫折、有始有终，不然，只会自食其果。

一般来说，做事不能善始善终的孩子心理比较脆弱，意志力较差。这样的孩子做事很少会获得成功，以至于自信心不足，严重的甚至有自卑感……长此以往，对人对事都抱着一种不在乎的无所谓态度。这对孩子的成长与发展危害极大。因此，家长应让孩子学会坚持，养成做事情有始有终的好习惯。

那么，父母平时应该怎么做呢？

1. 多鼓励，少指责

孩子年龄幼小，让他每件事都做到善始善终几乎是非常难的。为了让孩子养成善始善终的好习惯，我们要坚持正面教育原则，多鼓励，少指责。

当孩子认真地做完一件事情的时候，我们要热情而公正地去评价，鼓励他继续努力，持之以恒。当孩子做事虎头蛇尾的时候，我们应该耐心而艺术地把孩子的注意力吸引过来，让他继续完成应该完成的事情。例如，我们可以对他说："妈妈相信你会把事情做好的，因为你是一个好孩子。"这样，孩子就会相信自己的能力，就会努力地把事情做完。在鼓励孩子做事时，我们既要让孩子看到自己做事的潜力，又要让他看到自己的不足，这样，他就会努力改进，坚持把每件事情做到尽善尽美，久而久之，孩子也会养成做事善始善终的好习惯。

2. 通过身边小事让孩子养成做事坚持的习惯

在平时的生活中，家长可以多利用身边的小事加强对孩子坚持力的培养。比如，让孩子自己叠被子，自己收拾自己的房间。刚开始，孩子也许会因为感觉新鲜而去做，但是过一段时间，孩子就会腻了，不想做了，这时候，父母就要督促孩子，让孩子用心去做，直到把一件事做完为止。要让孩子明白，坚持就是胜利。

为了让孩子的坚持力进一步提高，仅仅让孩子做一些生活中的小事是远远不够的，还要有意识地给孩子设置一些障碍，让孩子在克服困难中学会坚持，在克服困难中养成坚持的习惯，每一个人的坚持力都是在困难中磨炼出来的。

3. 引导孩子独立活动

家长应尽可能让孩子独立活动，孩子在进行活动时，要克服外部困难和内部障碍，正是在克服这些困难的过程中，使其意志得到锻炼。倘若孩子不能完成这些活动，也不必急着去帮助，而应该“先等一会儿”，让他自己克服困难去解决。当他战胜了困难，达到了目的，会表现出一种经过努力终于胜利的满足感。在这个过程中，孩子克服困难的勇气和信心也就随之增强。

4. 借助兴趣的力量，磨炼孩子的毅力

俗话说“兴趣是成功的一半”，可见兴趣对于成功的重要性。孩子做事虎头蛇尾是孩子意志力不强的表现，我们何不借助孩子的兴趣，去磨炼孩子的毅力，培养他做事善始善终的好习惯?

我们可以留意孩子的爱好，然后鼓励孩子去做自己喜欢的事情，那么，当孩子遇到困难的时候，他也不会轻易放弃。我们还要监督孩子，让他学会坚持不懈，每当他想放弃的时候，就及时鼓励他，让他渡过难关。这样，孩子就会全身心地投入到他感兴趣的事情中去，他的毅力也会逐渐变强，并逐渐养成做事情有始有终的好习惯。

改正孩子找借口的毛病

吃完饭，妈妈让孩子把收拾好的碗筷送到厨房，孩子不情愿地过来捧住三个空碗就走，然而由于心不在焉，碗从手里滑了下去，摔碎了。妈妈闻声赶来，孩子却撅起小嘴，看着妈妈说："都怪这碗又滑又重，它自己从我手里掉下去摔破了。"

妈妈本以为孩子会为自己打碎碗的行为懊悔，还准备要安慰她一番呢，没想到孩子却为自己不小心打碎碗找了这样一个借口。妈妈生气地质问女儿说："做错了事情就要知道认错，要承担责任而不是去找借口。"

没有想到孩子一听此话"哇"的一声大哭了起来，一边哭一边说："就是碗太滑了才摔碎的，不是我的错。"

这个孩子做错了事非但没有认识到自己的错误，反而却一味地为自己找借口，有这种习惯对孩子的影响是非常不利的。借口是不想担负责任的托词，是不信守承诺的反映，是畏惧困难不求上进的表现，借口会在不知不觉中消磨人的意志，它直接阻碍着一个人将来的成功。

事实上，借口在人们的生活中几乎随处可见。孩子撞到桌脚上，哭了起来，奶奶赶快上前拍打桌脚，埋怨它碰着了孩子，结果孩子转哭为笑；父母许诺孩子成绩达到了多少名之后就带孩子出去旅游，孩子用心学习实现了父母所定的目标，父母却怕破费，找借口说现在没工夫，以后抽时间再带孩子去；还有的人担心自己完不成上级所交的任务，拿自己身体不适、没病装病找借口等。

孩子们总是通过家长的言行来判断、认识和评价周围的世界，孩子们的言行在很大程度上是家长们言传身教的结果。家庭又是孩子健康成长的第一个生活场所，孩子们会模仿家长们的一言一行。当我们还没有意识到自己的言行时，影响却早已发生、存在了。这对孩子长大成人后，待人接物的态度有着重要的影响。当孩子亲眼目睹父母如何找借口，明明是自己的错误导致的不良结果，却硬是把责任推脱掉，孩子也会跟着学会找借口。而一个人一旦习惯了找借口，那么做错了事后，首先想到的就是把责任推给别人，而不是去从自身找原因，因此吸取不了教训，难以取得进步。

著名的美国西点军校有一个悠久的传统，遇到学长或军官问话，新生只能有四种回答：

"报告长官，是。"

"报告长官，不是。"

"报告长官，没有任何借口。"

"报告长官，我不知道。"

除此之外，不能多说一个字。

新生可能会觉得这个制度不尽公平，例如，军官问你："你的腰带这样算擦亮了吗？"你当然希望为自己辩解。但是，你只能有以上四种回答，别无其他选择。

在这种情况下，你也许只能说："报告长官，不是。"如果军官再问为什么，唯一的适当回答只有："报告长官，没有任何借口。"

这既是要新生学习如何忍受不公平——人生并不是永远公平的，同时也是让新生们学习必须承担责任的道理：现在他们只是军校学生，恪尽职责可能只要做到服装仪容的要求，但是日后他们肩负的却是其他人的生死存亡。

因此，“没有任何借口！”

从西点军校出来的学生许多人后来都成为杰出将领或商界奇才，不能不说这是“没有任何借口”的功劳。

因此，作为父母要想让自己的孩子将来学有所成，就应当从小培养孩子的责任心，让孩子意识到自己的事自己负责，不再找任何借口。

那么，父母应该怎样做呢？

1. 父母要作出不找借口的榜样

父母一定要用行动告诉孩子：说过的话一定要算数，不要为不想践诺找借口。父母为了让孩子达到某个目的而给出了一定的许诺，当孩子经过努力达到目标后，如果父母找各种借口不兑现诺言，那孩子下次就不会再相信父母了，同时还有可能会学着父母的样子去找借口。

2. 教孩子多从自己身上找原因

一般的父母，在孩子跌倒后会用埋怨的话来止住孩子的哭声。这种找借口的行为会使孩子在潜移默化中学会为自己的失败找借口。因此，父母应该学习好的做法，让孩子吸取教训，而不是随时去找各种借口。

3. 告诉孩子找借口的危害

如果父母发现，孩子做错了事情就找借口把责任推给别人，或者遇到困难就向后退，还找借口为自己开脱，那么父母就要及时揭穿孩子的借口，并给孩子讲明找借口的危害。父母要让孩子学着担负责任，遇到困难时要迎难而上，告诉孩子做错了事就要吸取教训，知错就改，这样才能成长为一个知道负责、懂得上进的人。

4. 及时表扬孩子不找借口的行为

孩子不管有什么不良的习惯，都不可能一下子全部改掉。在孩子减少不好的行为时，父母应当及时关注并提出表扬，这样才能提高孩子继续改正的积极性，最终达到戒除孩子坏习惯的目的。

给孩子的第一本独立自主书

PART 3

授之以“渔”，培养孩子更多的立身能力

拥有足够的能力是孩子将来独立生活的重要条件。

让孩子学会独立思考

现在很多独生子女都有一个明显的缺点，那就是缺乏独立思考的精神。而思维就是人们思考问题的过程，是人脑对客观事物的认识过程。思维力就是解决问题的能力。日常生活中所说的“让我想一想”、“我再考虑考虑”中的“想”、“考虑”指的就是思维。

人类认识客观事物，学习基本知识，掌握基本规律，进行创造发明，都离不开思维。思维在学习中具有特别重要的意义，可以说，它是整个学习活动的核心。通过思维不仅可以更好地理解知识、巩固知识、运用知识，而且还可以培养和发展一个人的良好思维品质和创造性思维能力。

拿破仑·希尔曾经说过：“思考能够拯救一个人的命运。”事实正是如此，有思考力的人才会有创造力，才会掌握自己的命运。据说，诺贝尔奖获得者、英国物理学家约瑟夫·汤姆森和欧内斯特·卢瑟福一共培养出17位诺贝尔奖得主，这些天才不仅懂得如何去思考，改变了自己的人生轨迹，而且为我们的社会发展作出了巨大的贡献。

我国著名的儿童教育家陈鹤琴先生曾讲过这样一件不起眼的小事：有一天，一个九岁的孩子问他，竹管里有空气吗？他没有直接回答，而是拿来一根两头有节儿的竹管，在竹管上钻了一个洞，然后放在水盆中，孩子们见一个个小气泡从洞中冒出，便拍着手，纷纷抢着说，我知道了，有空气！这样，他们自己得出了答案，显得格外高兴。

然而，在现实生活中，我们很多家长对自己的孩子，基本习惯于有问必答。其实，这样对孩子的发展是非常不利的，容易使大多数孩子思维懒惰，导致依赖性比较强，独立性很差，智力发展迟缓。相反，如果凡事都想办法让孩子自己去学会思考探究，就像上例那样，不仅可以日益增强孩子的求知欲，更关键的是能帮助孩子逐步树立起自信品质，这对孩子以后的成长至关重要。

那么，父母在平时应如何培养孩子独立思考的能力呢？

1. 在游戏中引导孩子进行思考

游戏和玩具是孩子的天性，也是最容易激发孩子学习兴趣的东西。许多父母认为游戏与学习是完全对立的，为了不影响孩子的学习，他们禁止孩子玩游戏，于是造成了两面不讨好的结果。事实上，如果父母在孩子游戏时能够加以正确的引导，也能培养孩子的思维能力。

洋洋是个四年级的孩子，他是个非常爱思考的孩子，因此学习成绩一直非常好。

洋洋的父母一直很注重培养孩子的思维能力，但他们并没有强迫孩子，而是在孩子游戏时正确地进行引导。在洋洋一岁时，妈妈就和洋洋一起玩拍手的游戏，并把童话故事编成儿歌在拍手时按照节奏念出来。妈妈还经常跟孩子一起玩猜谜语的游戏，在无形之中锻炼了孩子的思维能力。

父母可以利用孩子喜欢游戏的天性，对其进行有意识的引导。每天吃完晚饭后，父母可以利用休息的时间陪孩子一起玩猜谜语的游戏，也可以让孩子出题来考父母，还可以鼓励孩子根据原来的谜语进行改编，变化出一个新的谜语等。

2. 鼓励孩子多提出问题

爱因斯坦曾经说过："发现问题比解决问题更重要。"如果连问题是什么都没有发现，就根本谈不上解决问题了。许多教育工作者曾感慨现在的孩子好像什么问题也没有，什么都懂，但是一到考试又什么都不会。由此可见，鼓励孩子发现问题更能培养他们的思维能力。

彬彬是个五年级的孩子，今年11岁。他非常爱思考，因此学习成绩很好。

这是因为，在彬彬小的时候，妈妈就经常鼓励他提出问题，告诉儿子解决问题的前提就是发现问题，并且说没有问题就不能学到新知识。

在妈妈有意识的培养下，彬彬的思维一天比一天缜密，绝不放过任何疑问。

当孩子在做作业遇到难题时，父母应鼓励孩子把有疑问的地方写到草稿本上，然后对其逐个解决。如果实在不能解决。在参照答案时也应让孩子特别注意自己存疑的地方。当孩子在预习功课时，父母更要让孩子把问题记录下来，这样在老师讲课时，他才会注意这些有疑问的地方。

3. 鼓励孩子发表自己的意见

调查显示，在民主、平等的家庭氛围中成长的孩子，敢于发表自己的意见，思维比较活跃，分析问题也比较透彻。而在专制的家庭气氛中成长的孩子，则不敢畅所欲言，容易受家长的暗示而改变主意，或者动摇于各种见解之间，或者盲从附和随大流，这就影响了其思维独立性的发展。

因此，妈妈要鼓励孩子敢于发表自己的看法，在孩子发表自己的意见时，哪怕是错误的，妈妈也应让他说完，然后再给予恰当的指导。

对于孩子的正确意见，妈妈应该肯定、表扬，让孩子增强发表意见的信心。

4. 培养孩子的探索精神

许多孩子都有较强的好奇心，喜欢"打破沙锅问到底"，每当见到一个新事物，总想更深入地去了解，往往会不自觉地摸一摸、问一问、拆一拆、装一装。许多妈妈对孩子的这些行为很是烦恼，经常批评孩子甚至恐吓孩子，其实，这些都是孩子喜欢探究和旺盛求知欲的表现，妈妈的呵斥会挫伤孩子思维的积极性。正确的做法应当是因势利导，鼓励孩子的探索精神，并启发孩子“异想天开”。例如，让孩子突破常规的思维模式，从另一个角度去思考问题，孩子就会发现平时盛饭的碗可以用来当乐器，这就是“发散思维”或“求异思维”。这种发散性的思维模式可以让孩子在学习时不盲目听信，解决问题时善于从多方面考虑，从而提高孩子的学习兴趣和思维能力。

5. 让孩子也当回小老师

近期，教育界流行一句名言“教比学更快”。事实上，老师在讲课之前准备花费的时间绝不止一堂课的时间，除非老师已经讲过多年相同的知识。在平时的家庭教育中，父母也可以让孩子当回小老师，在家庭课堂中实现师生互动，培养孩子缜密的逻辑思维能力。

园园的妈妈是一位中学老师，她经常让园园把自己学到的知识给自己讲一遍，并指出园园没有讲明白的地方。园园在给妈妈讲课的时候往往自己就意识到没有掌握的地方，讲解的同时进行反思。因此，园园的逻辑思维能力得到了很大的提高。

经过长期锻炼，园园不仅学习成绩好，擅长思考和分析，而且说起话来也不像个小孩子，每句话之间的逻辑性都很强。

父母应该鼓励孩子去当老师，让他们把自己学到的知识进行串联，那么任何有疑问的地方都难以逃出这位小老师的法眼了。父母在听孩子讲课时，一定要认真，指出孩子讲的含糊不清或者错误的地方，引导孩子进行反思。

6. 经常让孩子报告他的新发现

如果孩子报告说：“我发现火苗总是向上的”“我发现木头在水里是浮

着的”等，妈妈应该热情地加以鼓励和表扬。如果孩子没有发现什么，就要经常启发他某个事物、某种现象，让他逐渐有所发现。

注重孩子创造能力的培养

培养创造型人才要从娃娃抓起，这已经是社会的共识。教育家刘佛年先生指出：“什么叫创造?我想只要有点新意思、新思想、新观念、新设计、新意图、新做法、新方法都可称得上创造。我们要把创造的范围看得广一点，不要把它看得太神秘，非要新的科学理论产生才算创造，那就高不可攀了。创造可以从低级到高级，知识少、能力不强的幼儿、少年也可以创造，当然那是低级的。很多科学、技术、文化、艺术上的创造需要很多的知识，很强的能力，虽然那是高级的，但没有低级的创造习惯，也就不能发展高级的创造。”

创造能力是人类最宝贵的能力，它推动着历史的前进，使人类社会更加文明和昌盛。各个领域都需要有创造能力的人去解决问题，去开辟新的天地，去创造新的东西、新的理论。世界因为创造能力的存在而变得更精彩，个人因为创造能力的存在而更受人青睐。有创造能力参与的任何东西都具有更高的社会价值和社会意义。

日常生活中总会有不合理、不方便、不习惯、不顺手、不科学的用具、用品和方法，把它革新或改进一下，就是创造发明。如果我们从这个角度来想问题，你就会看到，生活中处处有创造，发明就在你身边。只要努力，人人都可以成为创造发明者。发明创造也不仅是大科学家和少数天才者的专利。也就是说，你不一定非要成为爱迪生或瓦特，但可以提出有创见的办法，也可以在改进或革新日常生活用品中作出成绩。

有的人认为，孩子即使能搞创造发明，那也是学习成绩优秀、智力超群的人才敢于问津，智力平平，连把学习成绩搞上去都很困难的人，又怎么能有创造发明呢?其实这种想法是不对的。

孩子的小发明小创造，不仅在于其本身，它的深远意义在于培养孩子的创造思维和动手能力，给孩子未来从事大的发明、高科技研究打下坚实的基础。因为小创造、小发明是引发人的才智的一把钥匙，古今中外，许多科学家的伟大发明与创造都是从“小发明”开始的。正是他们在平常人熟视无睹的“小发明”中，培养和锻炼了想象力与创造力，为他们以后的伟大创造奠定了基础。

而成绩优异则说明文化知识基础掌握得比较好，但知识并非能代替创造，如果知识学得很死，埋头抠书本，去抓分数，不会灵活运用知识，这种高分低能的学生也不会有什么创造，这样的例子在我们身边随处可见。反之，成绩差的学生，并不说明其他都差，“尺有所短，寸有所长”。每个同学都会有自己的短处，也会有长处，长处就是“黄金点”，发挥好就能创造，所以说，成绩差的孩子同样有创造能力，也要好好培养和支持。

心理学研究认为，一般而言，大脑的先天禀赋、发展潜力都是基本相同的，有差别也并不大，所有的人都具有创造潜力，都有完成某种发明的可能。只不过一般人的潜在创造力没有开发和利用起来，而发明者的创造力得到了开发和利用而已。

因此，每一位父母都要对培养孩子的创造能力加以重视，在孩子小的时候就要对其进行创造能力的培养。那么，父母应该怎么做呢?

1. 要充分相信孩子，不要总以家长为中心

对待困难和问题，要采取启发、引导的方法，指导孩子开动脑筋，寻找解决问题的可能性答案，帮助孩子独立思考和探索，养成对问题、知识的好奇心与求知欲，以及对问题主动思考的质疑态度和批判精神。

2. 创建良好的氛围培养孩子的创新精神

心理学家认为，有利于创造性的一般条件是心理的安全和心理自由。当一个人的心理得到安全时，他就发展他的发散思维，充分表现自己的思想。创造性活动从本质上讲必定是异样的，从而必定是异常行为。因此，家长应鼓励那些用不平常方式理解事物的孩子，教育孩子勇于标新立异，勇于提出与众不同的观点和看法，在家庭中形成浓郁的崇尚创新、尊重创新人才的氛围，使孩子知道，在未来社会发展中，不具备创新能力，就难以适应社会的需要。

3. 尊重孩子的个性发展

人才之所以称为人才，必然不等同于他人。我们传统的管制、说教、不能越雷池一步的教育方法，不但不能培养孩子的创造性，相反，很大程度上束缚了孩子的创造性，使孩子个性差别逐渐缩小，棱角磨平了，特点消失了，迫使孩子成了“小绵羊”。现代人才的培养，要求我们要为具有不同禀赋和不同潜力的孩子创造一个发展的空间，提供一个开发潜能的机会。要求我们认可孩子在智力、情感、兴趣、性格、气质、生理等方面存在的不平衡性，反对强求一律，鼓励超前发展，多一把尺子，会多出一项才能。

4. 带领孩子接触新鲜事物

知识是一切能力的基础，没有知识，对外面的世界一点儿也不了解、不熟悉，即使智商很高，也不会有创新能力。父母要根据孩子的年龄大小和生活环境，经常利用节假日带领孩子接触各种新鲜事物。

住在农村的，父母可带孩子去城市，让他们认识城市的建筑、交通等设

施；住在城市的，父母可带孩子去农村走走，让他们认识农作物、家畜、家禽以及欣赏田园风光，了解花鸟草虫的生存特性等。

孩子认识的事物越多，想象的基础就越宽广，就越有可能触发新的灵感，产生新的想法。那种只想把孩子关在家里，只想让孩子写字、画画、背诗的方法，只会把孩子培养成书呆子，绝不可能培养成有创新能力的人。

5. 激发孩子的想象力

想象力是创新的源泉，是创造的翅膀，孩子只有在想象中，才可能具有独创性。

孩子的生活中充满着想象：他们把几个小凳子并排放，就把它想象成一列远道而来的火车；他们抱着洋娃娃，会想象自己是医生，在给洋娃娃治病。

如果孩子不会想象，就像鸟儿不能飞翔，即使再美丽的世界，再广阔的天空，也无法承载他们的梦想，因为他们已经感受不到，体会不到。与其把孩子教育成毫无活力的“废物”，倒不如放开他们，让他们在想象的世界中去徜徉！

想象力的培养，是建立在孩子充分的自主性基础上，父母要引导而不是干涉，因为孩子的想象力在某种程度上来说，是强于成人的。因此，父母需要从平常小事着手，遇见事情要给孩子更多的空间，让孩子进行一番想象，自己也参与其中，和孩子比一比谁的想象力更丰富，对孩子创造能力的提高有很大的好处。

6. 多向孩子问些开放性的问题

父母应该多向孩子提一些问题，让孩子动脑去思索。

王浩是班里最小的一个，但脑子却是转得最快的一个，常常想出别人想不到的新办法、新思路，多次在班里受到老师的表扬。

王浩之所以这样，是因为爸爸经常会给他讲故事，但从不讲故事的结尾，而是让王浩根据故事的情节，尽可能地多想出几种结局。不仅如此，在王浩说出几种结局后，爸爸又会追问王浩为什么会有如此的结局，这些结局之间是否有联系等。

在这样的教育下，王浩无论遇到什么问题，都会从各个角度去想问题的答案，从而养成了爱动脑的好习惯。

无论是在日常生活中还是在孩子学习中，父母都应该多向孩子问些开放性的问题，给孩子更大的空间进行思索，有意识地引导孩子从不同方面入手去处理问题，以培养孩子的创造能力。

7. 鼓励孩子动手实践

孩子在实践中，不但能提高其做事的兴趣，还能打破惯性思维，得到独创性的答案。

有一天梅梅随父母一起去姑姑家，姑姑的儿子与她年纪差不多大，两个人在一起玩得很开心。

正在这时候，姑姑向他俩提了一个问题："一个桌子有四个角，把一个角砍掉了，还有几个角？""三个！三个！"两个孩子争着回答。姑姑摇了摇头，但两个孩子坚信自己的答案是正确的。

梅梅的妈妈告诉她说："你去亲手试一下，不就知道了吗？"说着，她帮梅梅找来一块像桌子面的纸，让梅梅把一角剪下来，还没有完全剪去，梅梅就开心地叫道："我知道啦，是五个角，是五个角！"

可见，父母在向孩子提出问题时，应让孩子多动脑思考，同时鼓励孩子亲自动手实践，孩子在实践中不但能找到问题的答案，还可能发现新的问题，这些都有利于孩子创造能力的培养。

培养孩子的应变能力

所谓应变能力，指的是能够根据各种环境及状况而作出适当的调整，同时还能充分掌握自我，沉着而不失理智。

英国作家笛福曾经说：“人的最高智慧就是适应环境和反抗外来威胁的本领。”

一个人如果没有适应和应变能力，就无法生存。可以说，适应和应变能力的大小，决定了其生存能力的大小。当然，这种能力不是天生的，要在日常生活中学习和加强。这和学知识一样重要，要一点点积累，从每一件事做起，特别是从每一件不顺心的事做起。

有一个女孩，遇到父母因急事没有回家，不知所措的她竟然在门外等候了近6个小时，如果不是被邻居发现并领回家中，很可能就在门外过一个晚上。

事后，隔壁邻居李女士是这样说的：“幸亏我昨天晚上回来时，看见孩子坐在家门口。要不在那里坐一晚上还不冻死了……”李女士说，她回来的时候，楼道里没有灯，黑漆漆的看不清楚，开始她没在意，上到4楼才隐约听见哭声，下去一看，原来是一个孩子坐在门口缩成一团在那里哭，问了她好几次怎么回事，她才说是爸妈不在家，她开不了门。李女士起身一看，门上原来贴着条子，让孩子回来后去奶奶家里，可能是孩子没看字条。回到家，李女士连忙给又冻又饿的孩子做了点吃的，并安排孩子睡下。

这个孩子在回家的时候，发现父母不在家，她居然只会在门口等，而不知道去邻居家，或者给亲戚打电话。如果不是邻居及时发现了她，说不定她真会在门外冻上一个晚上。现在像这样遇事不会变通，不会处理的孩子很多。为什么现在的孩子这么缺乏应变能力呢？这主要还是缺乏对这方面能力的教育、培养。由此可见，提高孩子的应变能力真的是太重要了。

美国就非常重视对儿童的应急教育。美国俄亥俄州一个4岁的儿童在其母亲驾驶轿车翻入深沟，重伤不能动的情况下，机警地从车中钻出来，艰难地爬上公路，勇敢地拦截车辆，在过往车辆和成人的帮助下，从即将爆炸的车中将母亲救了出来。此事一时被传为美谈。假如当时那个小孩在意外情况下只会哭、只会怕，后果将不堪设想，但是，他能够灵活应变，具有较强的应变能力。这是需要中国父母深思的。

可是在我们国家里，许多中小学生的家长认为，要适应激烈的社会竞争，就要孩子学习好，因此他们最关心的是孩子的分数。只要孩子学习好，其他一切都可以由大人包办。这就影响了孩子，使他们“两耳不闻窗外事，一心只读圣贤书”。殊不知，危险、危机就潜伏在孩子的周围，当孩子一旦遇到危险，而束手无策、坐以待毙的时候，学习好会显得多么没有价值。

因此，父母平时应当重视对孩子应变能力的培养。一是培养孩子适应自身生理或心理变化的能力，如身体的某个部位不舒服能及时告诉成人；心里有烦恼时，知道向父母或知心伙伴倾诉。二是培养孩子适应周围环境变化的能力。比如，应该知道早晚气温不同，应该注意保暖；应该知道出门要带什么东西；应该知道不同的地方可能会发生什么情况等。三是培养孩子对突如其来事件的应变能力。如遇到突然停电时，怎样去点蜡烛、开手电筒；遇到陌生人问路，应该怎样避免被骗；遇到煤气泄漏怎样去控制；着火了知道怎样用灭火器灭火，迅速转移易燃品等。四是培养孩子对不同事物作出不同反应的能力。如要相信他人，但是，对于陌生人，或者心存不良的人又要采取提防的心理；如果父母生病了应该怎么办，老人生病了应该怎么办，等等。这些都要教孩子去判断。

只有培养孩子具有较强的应变能力，遭到任何紧急情况才会将损失降到最低程度，争取到最好的结果。

那么，父母平时应当怎样培养孩子的这种应变能力呢？

1. 培养孩子良好的心理素质

良好的心理素质是孩子从容应变的基础。有的孩子一遇到棘手问题就想逃避。所以，父母要做孩子的榜样，遇事不急不躁、不惊慌失措，为孩子展现沉着冷静的风范。同时，孩子能通过努力解决的问题，父母一定不要替孩子包办，这样才能培养出孩子自信、坚毅的品质。

2. 从生活小事培养孩子的应变能力

孩子被骗、被挟持的事情屡见不鲜，但也不乏孩子在发现父母煤气中毒后，开窗通风并报警的事。

日常生活中，父母可以经常给孩子讲益智故事、名人逸事等以启迪孩子的智慧；多给孩了提出实际生活中可能碰到的各种问题，比如迎面碰上飞驰的车辆怎么保护自己，有人在众人面前诋毁自己怎样对待，小朋友之间出现矛盾如何解决，等等。

先让孩子说出自己的想法，再帮助他分析最佳处置方法。平时要多鼓励孩子对问题提出自己的见解，让他在各种场合下大胆表达。

3. 支持孩子参加丰富多彩的活动

不要阻拦孩子与别的孩子玩耍、做游戏，积极支持孩子参加各种体育锻炼、参加丰富多彩的活动。孩子在外受到挫折，要做具体的分析，让孩子懂得“吃一堑，长一智”的道理，孩子自然会逐渐变得机智、灵活。

4. 教孩子根据环境特性自我调节

孩子在了解新环境时，可做相应的自我调节。例如，新环境中，厕所在这里，那么想去厕所时，就该朝这个方向走；玩具室在那里，玩游戏时可以去。这种调节，应该在孩子观察新环境特性时就同步地进行。

调节新环境的过程，是一个心理适应的过程。在这个过程中，能够交一个朋友，或者找到一个值得信赖的人，能帮孩子获取安全感。孩子在朋友的引导下，能更快适应新环境。父母可引导孩子找到这样的人，帮孩子迅速适应新环境。

5. 鼓励孩子经常走入新环境

生活中，要鼓励孩子经常走入新环境，以锻炼和提高他的适应能力。

例如，让孩子参加小区的联谊会、各种社团活动等，这样能增强孩子的环境适应能力。孩子能适应各种新环境，学会在其中正常行事，是其具有较好的适应能力的表现。只要有这种机会，父母就应该多鼓励孩子参与，让他多一些历练。孩子若能常接触新环境，就能学会娴熟地与人打交道，从而更快地融入新的环境中。

教孩子学会安排自己的时间

“一寸光阴一寸金，寸金难买寸光阴”，这说明时间无比宝贵。时间之所以如此宝贵，是因为时间就像流水，不经意间就溜走了。人的一生就是时间的累积，任何成就都是时间的转化。所以人们又说，时间就是生命。

一位科学家曾说：“时间最不偏私，给任何人都是一天24小时。时间也最偏私，给任何人都不是24小时。”究竟怎样利用这24小时呢?不同的人会有不同的选择。大凡有成就的科学家和伟人，都不虚度自己的年华，他们会珍惜生命中的每一秒钟，以体现自己的生命价值，这是对时间的尊重，也是对自己生命的尊重。

著名的物理学家爱因斯坦认为，人与人之间的最大区别就在于怎样利用时间。在我们每个人出生时，世界送给我们最好的礼物就是时间。不论对穷人还是富人，这份礼物是如此公平，一天24小时，我们每一个人都用它来经营自己的生命。有的人很会经营，一分钟变成两分钟，一小时变成两小时，一天变成两天……他用上天赐予的时间做了很多的事，最终换来了成功。

小光是小学二年级的学生，开朗活泼，学习也不错，一家人都很喜欢她。

小光什么都好，就是有个小毛病，独自做事情时效率很低，一出现别的情况就会丢下手里要紧的事情。

有一个星期天，小光的父母有事早晨出去了，走前特地嘱咐小光在家里要把作业写完再玩，因为那些作业第二天早晨上课时要交给老师。小光在父母走后，老老实实地拿出作业去写。刚写几行字，小光的奶奶过来了，让小光到她那儿去。小光想到下午还有时间，就收起作业与奶奶一起走了。

在奶奶那吃完午饭后，小光才想起作业的事情，但她禁不住动画片的诱惑，想着可以晚上做作业，于是心安理得地看起了电视，天很快黑了，一天就这样过去了。等到小光的父母回来，小光的作业还没有写。

这样的情况经常发生在小光身上，她的父母很生气，也多次惩罚小光，但小光依然不会安排自己的时间与事情，不知道轻重缓急，为此浪费了很多时间。

通过上例可见，孩子的时间观念往往很差，他们很多时候不能根据问题的主次和事情的轻重缓急来安排时间，而是凭自己的兴趣、喜好来利用时间，结果不但造成了不必要的时间浪费，而且还影响了正常的学习效率。

因此，父母应当培养孩子合理安排自己时间的能力，这是非常重要的。让孩子有了良好的时间观念，就等于给了孩子美好的开端，也就为孩子以后成为出色的人才奠定了基础。那么，父母应该怎么做呢？

1. 帮孩子树立起时间观念

许多孩子之所以不珍惜时间，不懂得如何管理时间，根本原因在于没有时间观念。时间本来就是一种非常抽象的东西，它看不见、摸不着，只有当我们意识到时间的重要性时，才会感受到它的存在。年幼的孩子生活节奏慢，也没有什么压力，所以很难认识到时间的重要性。

为了帮孩子树立起时间观念，我们不如为他买一块手表，让他经常看到时间。当他做某些事情的时候，我们也可以常提醒他时间的存在，如“再过5分钟就吃饭了”“10分钟以后我在楼下等你”。这样可以经常让孩子“听”

到时间。我们通过用各种方式去提醒孩子，让他感受到时间的存在，就能帮他树立起时间观念。

2. 让孩子学会区分事情的轻重缓急

父母应教会孩子区分事情的轻重缓急，让孩子在第一时间把那些必须且紧急的事情做完，再去做别的事情。这样一来，便合理利用了时间，有利于提高做事效率。

月月只有10岁，却不需要父母吩咐任何事情。每个周末，月月早晨起来第一件事情就是摊开记事本，写下自己一天要做的事情，并且按照轻重缓急罗列出来。

接着，月月按照所罗列的任务单，从第一件事情开始做，做完一件事情才会接着做下面的事情。这样，根本不用大人督促，月月不但能很快地把作业做完，同时还有玩的时间，这令父母很高兴。

月月这个习惯还是从妈妈那儿学来的，妈妈是个业务员，通常会把每天要做的事情都记下来，然后一件件去做，这样不会把事情落下，效率也很高。月月在妈妈潜移默化的影响下，也养成了把一天的事情按重要程度罗列出来这个好习惯，并且受益不浅。

父母每天让孩子把一天的任务写下来，分出哪些是紧急的，哪些是次要的，哪些是必须要做的，哪些是可做可不做的，等等，然后进行一个先后排列。孩子根据排列的先后顺序去做事，就会提高孩子的时间管理能力。

3. 教会孩子统筹安排

会统筹安排，才会在同样的时间内做更多的事情，提高时间的利用率。

小峰与小亮是二年级的同班同学，又是好朋友。一次轮到他们值日，小峰与小亮比赛谁办事情的效率快。他们约定每人打扫一半教室，每人擦一半黑板。

比赛开始了，小峰首先去打水，把水洒到自己要扫的一半教室里，然后在等待水干的同时，去擦属于自己的那一半黑板。而此时的小亮，急忙去擦黑板，擦完黑板后急忙去打水。这时的小峰已经把黑板擦完了，而教室的地也刚好能扫了，就动手扫了起来。

小亮把水洒在地上，却不能立即扫，他只有眼睁睁地看着小峰把地扫完，而自己还没有动扫帚呢。小亮此时才理解小峰先洒水的用意，这样可以节省时间啊，他不禁暗暗佩服小峰。

孩子做事情大多都是一件事情完成后再去做另外一件事情。父母要教孩子学会同时做几件事情，根据事件的特点与需要的时间学会统筹安排，这样能够节约时间。

4. 教孩子有效利用黄金时间

每个人都有自己的生物钟，孩子也是如此。孩子常常会感到自己在某个时间段内头脑比较清醒，学习效率比较高。比如，有的孩子在早晨和上午的学习效率比较高，而有的孩子则觉得在下午和晚上头脑比较清醒。每个人的具体情况各自有别，我们可以教给孩子注意观察自己在不同时间段的学习效果，掌握最佳的学习时间段。然后，把学习的重要内容安排在最佳时间段内学习，这样可以提高学习效果，最大限度地利用好自己的黄金时间。

5. 让孩子利用好时间的“边角料”

孩子除了拥有大块的学习时间和休息时间之外，还有许多时间的“边角料”。那么，如何才能让孩子利用好时间的边角料呢？比如，我们可以在盥洗台的镜子旁贴上英文单词，让孩子在刷牙的时候背诵一个两个单词；也可以教给孩子将需要记忆的公式和概念写在一个小本子上，让他在搭乘公交车的路上记忆一些知识。我们要告诉孩子，千万不要小看这些时间的“边角料”，只要善于利用它们，就能够将知识积少成多。

6. 给孩子管理时间的机会

许多孩子之所以不会管理时间，是因为我们没有给他管理时间的机会。

我们总是去安排孩子的时间，告诉他什么时候该玩，什么时候该学习，什么时候该吃饭，什么时候可以外出。孩子的行动完全在我们的支配下，他的时间也不属于他自己，而是为我们所限制。这样，孩子就没有管理自己时间的机会，自然也就不会有管理时间的能力。

所以，我们应该少干涉孩子的私人时间，尽量让他自己管理自己的时间。必要的时候，我们可以对他提一些建议，但不要替孩子去管理时间。

只有让孩子安排自己的时间，孩子的时间管理能力才能得到锻炼和提高。

7. 帮孩子养成科学的作息规律

科学的作息规律，不仅有利于休息，还能提高做事的效率。

轩轩是三年级的学生，成绩很好，身体也很棒，这都归功于轩轩科学的作息规律。

每天早晨，轩轩的父母都让他六点起床，晚上八点休息，以保证轩轩有10个小时的充足睡眠。这样，轩轩休息得好，听课的效率就高，形成了一个良性的循环。时间长了，轩轩还养成了每天按时休息、按时起床的良好习惯。

父母可以根据孩子的特点，帮孩子制订一个科学的作息时间表。这样不但使孩了的睡眠得到了保证，还能避免孩子在课堂上打盹，从而提高时间的利用率，加强孩子的时间管理能力。

让孩子学会在竞争中胜出

在竞争越来越激烈的今天，人们越来越认识到培养孩子的竞争意识和竞争能力的重要性。孩子必然要为进入好的学校、参加各类竞赛活动而和同伴展开竞争。这样一来，培养孩子好胜的竞争意识和竞争能力显然成为当前家庭教育的重要内容。况且，有的孩子需要竞争的刺激才能把潜力发挥出来。如果淡化孩子争强好胜的意识，很可能就会影响他将来在这个竞争社会中生存。

一位家长这样说：女儿上小学时，我们问她成绩怎么样，她的回答总是“很好”。考试完了，拿回成绩单一看，几乎是全优。因为没有具体分数，我们也无法将她和其他孩子比较。偶尔问问老师，老师也只是说“好”或者“可以”。似乎孩子满足了，家长也可以无忧了。其实，女儿在班上从来没冒过尖，但她对此似乎无所谓，从来没追求过名次，也从来不主动和好同学比。这使我很担心。难道她不想当第一名吗？一般孩子都有很强的好胜心，难道她没有吗？

但是，在女儿上六年级时发生的一件事，让我发现女儿的好胜心其实是很强的。一次回老家，她发现六七岁的表妹居然会下象棋，战胜了家里的大人，得到了不少夸奖。这使女儿心里很不是滋味，也开始学起了象棋，并决心要超过表妹。她一有空就拉着别人对弈，还借回了象棋书钻研，结果半年后她再回老家，表妹已不是她的对手了。

看来，孩子是有好胜心的，之所以在学习中没有发挥到最好，原因可能是她所处的学习环境缺乏竞争氛围。现在小学不主张排名次，也不公布具体分数，加上老师对孩子缺乏必要的激励，使孩子缺乏比较和参照，难以认识自己和别人的差距，对自己在班里的实际位置和状况也不能具体了解，自以为已经很不错了，当然不可能产生竞争和好强心理。

如此看来，孩子好胜的心理也是需要土壤的。

竞争是不甘于平庸，是追求卓越。竞争，使个人完善，使群体上进。

竞争关系到一个人、一个民族甚至一个国家的命运。竞争虽然残酷，却无处不在，它能使人们坚强，使人完善向上。因此，父母应该培养孩子从小就具有竞争的素质与能力。

1. 鼓励孩子相信自己

鼓励孩子用自己的眼睛看世界，会用自己的语言表达内心感受，能用自己的价值观判断是非，从而决定自己“怎样生活、怎样学习、怎样做人”，自己给自己一个正确的定位，相信自己有力量和能力去实现所追求的正确目标。要让孩子明白，自己在尽了最大努力之后，能做一个继续努力的赢家或是毫不气馁的输家，而不是过分注重竞争本身。相信自我，本身就是一种“自我竞争意识”，连自己都不敢相信的孩子，从根本上就失去了和别人竞争的能力，他必然不会朝气蓬勃、乐观向上，甚至干任何事情都体验不到一种成就感。

2. 帮孩子找到竞争的优势

鼓励孩子建立自信，敢于面对竞争。每个人都不可能是全才，有长处也有短处。能帮助孩子找到自己的优点，帮助孩子建立坚定的信念，这是面对竞争时，合格家长首先要做的。家长要引导孩子挖掘自己的潜力，不断强化，使孩子走出自卑的困扰而变得自信起来。帮助孩子发现自身优点和长处是克服害怕竞争的良方。

一个人的兴趣和才能是多方面的，要注意发挥自己的长处，挖掘自己的潜能，这样就能增加成功的机会，减少挫折。同时，有竞争就会有胜负，即使处于劣势时，也要保持积极进取的态度，而不要采取贬低或破坏对方来获得自己的优势，也不要心生嫉妒或采取不正当的手段，更不要就此一蹶不振。

3. 对孩子取得的成绩要及时鼓励

父母要善于发现孩子的优点，并及时给予肯定。例如，有的孩子学习成绩暂时落后，但在绘画方面有特长，父母就要肯定孩子的绘画能力，并鼓励孩子在绘画方面多加努力。

如果孩子在学校得到表扬，或因为某方面的突出表现获得奖励，即使这件事是多么的微不足道，父母也应认为这是孩子在小小的竞争中初露头角，是大事。因此，父母要以兴奋的神情表示分享孩子的喜悦，必要时可加以特别的鼓励。千万不能对孩子取得的成绩不屑一顾，甚至嗤之以鼻，更不能说“这有啥了不起”一类的话，这种泼冷水的行为，只会挫伤孩子参与竞争的信心，实在不可取。

多表扬孩子的努力，夸夸孩子在此过程中的提高，而不是只注意到结果。当孩子在努力尝试一些事情的时候，当孩子的能力得到提高的时候，当孩子能够成为别人的动力来源的时候，都要给孩子一些积极的回应。

4. 不当着别人责备孩子

针对孩子的弱点，即使对他的行为再不满意，我们也尽量不当别人的面责备他，任何情况下，我们都尽量不让孩子当众出丑。如果孩子在他人面前丢尽了面子，那自信心就会丧失殆尽。但这并不是说不能当着孩子的面与别人谈论他们的不足之处，而是应该根据孩子自身的不同情况，正确地在别人面前评价孩子。

5. 给孩子灌输正确的竞争意识

孩子参与竞争，父母要有意识地给孩子灌输正确的竞争意识，因为获得竞争能力的首要条件就是要具有正确的竞争意识。

丽丽虽然只有7岁，但个性比较强，无论遇到什么事情都要争第一，如果拿不到第一，她就会哭闹不已。

有一次，丽丽与小雪比写字，一个同学当评判员。那个同学拿着两个人的字认真比较一番后，说小雪写得比丽丽好，话音刚落，丽丽就哭了起来。

对于丽丽过于争强好胜，妈妈及时地对她进行了疏导。告诉她每个人都有优势的一面，鼓励她不服气可以暗自下工夫，争取在下次的比赛中获得胜利。

丽丽听从了妈妈的话，开始认真写字。一周后，丽丽又与小雪比赛，当评判的依然是上一次的那个同学，这一次，评判员宣布是丽丽的字写得好。

父母在引导孩子去竞争的同时，首先要给孩子灌输正确的竞争意识，让孩子树立起输了能够吸取经验，重新参与竞争；赢了切记戒骄戒躁，不要轻视对手，为提高孩子的竞争能力打下正确的思想基础。

6. 用竞技活动锻炼孩子

孩子只有经常参与到竞争的活动中去，其心理素质才会好，竞争能力才会得到加强。

栋栋从小就跟着妈妈学弹钢琴，会弹很多曲子。有一次，学校里举行钢琴比赛，栋栋的妈妈了解儿子的水平，认为拿到名次应该是没有问题的，于是给他报了名。

比赛的那天，前面坐着严肃的评委，后面坐满了家长与同学。栋栋虽然琴曲娴熟，但从没有经过如此场面。轮到他上场的时候，看着下面无数双注视的眼睛，栋栋的腿脚发颤，手指也僵硬起来，无论他怎么努力，就是弹不出一首完整的曲子，最后只有遗憾退场。

孩子需要在人多的场合中去锻炼，才会提高心理素质，才会在比赛中不胆怯，才会发挥出高水平，才能在竞争中取胜。所以，父母要多鼓励孩子参加竞技活动。

培养孩子的领导能力

看到这个题目，有的家长可能会说："我又不指望孩子长大了去当官，培养领导能力有什么用呢？"家长这样理解领导素质，是不全面的。具备领导素质不是为了当官，但不具备领导素质肯定当不了好官。具备领导素质是为了把事情做好，是为了做好的有益的事情。

与成人相比较，孩子之间的领导关系更注重强调的是孩子间的一种有效的合作与交往。这种交往有利于增进孩子的群体交往能力。孩子在尝试领导的过程中会逐步认识到自己在伙伴中的地位，从而会从心底产生适当调整自己以适应他人的愿望，并从中吸取一些领导与群体成员之间融洽相处的实际经验；在此过程中，他还会深刻地体验到与成人相处时没有的成就感，建立起自信。

此外，在做领导工作的过程中，孩子的综合分析、创造、决策、应变、协调、语言表达、自学等能力都能得到相应的锻炼。

一群在山里野餐的小姑娘走错了路，在潮湿与饥饿中度过恐怖的一夜之后，她们无望地失声痛哭。

“人们永远也找不到我们，”一个孩子绝望地哭泣着说，“我们会死在这儿。”然而，11岁的伊芙蕾·汤站了出来，“我不想死!”她坚定地说，“我妈妈说过，只要沿着小溪走。小溪会把你带到一条稍大点的小河，最终你一定会遇到一个小市镇。我就打算沿着小溪走，如果愿意，你们可以跟着我走。”

结果，孩子们在伊芙蕾·汤的带领下，胜利地走出了森林，最后她们的呼救声引来了救护人。

人们也许会认为，像伊芙蕾·汤这样的孩子生来就是领袖的材料，而其他人命中注定是随从。但事实证明，领袖并非是天生的，而是后天造就的，这取决于家长怎样去引导孩子。

所以，作为父母应该从小培养孩子的领导意识，不要等到孩子长大了再去训练，应该贯穿于孩子的成长过程之中。那么在日常生活中，父母应该怎样做来培养孩子的领导意识呢?

1. 给孩子积极的肯定

具有领导意识的孩子一般都具备强烈的自信心，即使有微小失误，也相信自己会是最终的赢家。

一次，小强与小朋友踢球输了，原以为妈妈会说：“唉，你太笨了。”没想到，妈妈一边替他擦汗一边夸奖他：“你带球过人的技术真棒，奔跑很积极；如果再加强射门练习，会踢得更好。”之后，妈妈就请老师帮小强进行有针对性的射门训练。后来，小强不仅成为足球队的前锋，还是小区里的“孩子王”，一呼百应。

在孩子的人生旅途中，孩子每走一步，父母都要给予他积极的肯定与鼓励。当这些形成良性循环时，孩子会因自信和成就感，义无反顾地往前走。

2. 鼓励孩子的探索精神

一个小女孩在雨水浸泡的院子里挖一块石子，忽然她跑去对妈妈说："妈妈您瞧，我找到了一块很漂亮的石头!"她的妈妈看到她满身的泥浆，夺过孩子的小石头扔掉，并责备孩子说："一块破石头有什么用，看你的衣服又弄脏了，快把它脱下来。我给你洗了! "

衣服上的泥浆可以洗掉，但孩子印象中的痕迹却会持续很久，再遇到漂亮的石头，也许孩子就会因为怕弄脏衣服而不敢去碰它了。与此同时，孩子的探索能力也就是在这时一点点消失了。

所以，父母永远不要关闭孩子探索的"大门"。我们大家都知道，每个领导者身上都应具备很强的探索力，而儿童时期往往是人的一生中探索力最强的阶段。孩子都佩服勇于探索、敢于迎接挑战的人，并乐于效仿他们。如果父母要求孩子凡事循规蹈矩，不许冒险，他将无缘做"领头羊"，只会跟着"领头羊"走。

3. 鼓励孩子的"奇思异想"

一天，欣欣看了西班牙斗牛表演，当众宣布："我长大了要做个斗牛士。"妈妈不屑一顾："女孩子不能选择危险职业。"欣欣任何不切实际的想法，都被妈妈打入冷宫。时间一长，她开始变得毫无主见，行为懒散而被动了。

领导者的共同特质，就是能自主地勾画出一幅蓝图，并激励大家和他共同去完成。这个蓝图的前身，就是孩子的梦想。所以，当孩子说出自己的梦想时，父母不要因为它不切实际，就"一棒子打死"，这样只会使孩子停止种种"奇思异想"，从而变成一个只会盲目跟从的"复读机"。

4. 让孩子学会动脑，善于解决问题

一天，3岁的浩浩想迈上滑梯的第一个台阶。可他腿很短迈不上去，妈妈对他说："想想呀，找个小助手，是不是可以上去呢?"

浩浩认真思索了一会儿，把小推车推到了台阶旁，他先爬到车子里，然后爬上滑梯台阶。妈妈感叹道：“让孩子学会动脑和思考，他会做得比成年人想象的还要好。”

“思考、判断和决策”是领导能力的重要体现。那些能够认真思考问题，并巧妙地解决困难的孩子，无疑将成为团队中的“领头羊”。

5. 给孩子制造更多的实践机会

幼儿园的老师让同学们回家考虑考虑，明天课堂上自荐当班干部。

波波回家后跟妈妈说他想当劳动委员。妈妈嗔怪他：“每天要早到20分钟打扫卫生，多辛苦。”波波问：“我当体育委员行吗?”妈妈又数落他：“活动时要负责拿运动器械，磕着碰着怎么办?”总之，妈妈只希望波波学习好、身体好。至于当班干部，累人又费时间，还是躲得远远的好。

由于不关心集体，波波形单影只，没有任何号召力。

小亮正相反，无论是在幼儿园、社区，还是兴趣班，妈妈都主动让他当班干部，锻炼他的领导、组织才能。由于从小就获得了与人打交道的经验，具备超越同龄小朋友的管理能力，刚上小学，他就成为学校外联部的“小干部”，还在电视台出镜，为学校做专辑。他的理想是：长大做个外交官。

给孩子机会，让他在擅长的领域多为他人做些事，这有助于帮他们树立信心，增加与人打交道的经验和能力，这也是优秀的孩子必备的本领。

让孩子学会自我保护

孩子是我们的心肝宝贝，我们都希望他们能健康快乐地成长，希望他们时时刻刻都安全。我们总觉得孩子很容易受到伤害，比如他会不小心被开水烫伤，会不小心走路跌伤，会受到坏人的欺骗，会被不良事物引诱……如果没有我们保护着，他可能会遇到各种各样的危险。于是，我们不得不去做孩子的盾牌，帮他挡下各种各样的伤害，让他能在“纯净”的空间中向“正确”的方向成长。

可是我们的保护能持续多久呢？当孩子最终不得不从我们的保护圈中走出来时，他岂不是还要面对重重困难？因此，培养孩子的自我保护能力，是让他免受伤害的最好办法。

明明4岁了，他很胆小，害怕听鬼故事，害怕打雷闪电，也害怕单独一人在家。可是明明父母的工作很忙，常常不在家，只好把他交给保姆照看。保姆很贪玩，一有机会就丢下明明到楼下找老乡闲聊、打牌。

一天，明明待在小屋里，眼看着天快黑了，保姆还没有回来，他便只好一个人吃着零食，看着电视里的动画片。这时，忽然有人敲门，明明放下零食去开门，没有问对方是谁就把门打开了。

谁知进来的是个小偷，小偷事先查明这家只有一个小孩，保姆和大人都不在，所以乘虚而入。小偷怕他哭闹，便封堵了明明的嘴，捆绑在客厅的沙发椅上，然后偷了东西就溜掉了。由于明明哭不出声，又害怕又饥饿，晕了过去。等到保姆回来，明明早已停止了呼吸。

其实，这个悲剧本可以避免。如果明明的父母告诉他，无论任何人敲门都别开门，或请的保姆没有偷着去打牌。小偷的行为直接导致小孩的死亡，但是明明的父母和保姆也有不可推脱的责任。

这不得不让人觉得有点心寒。而下面这个案例则反映了孩子在处理暴力问题时的无能。

小军从小就娇生惯养，许多事情都不会做。前几天，小军在放学回家的路上，遇到了几个社会青年勒索，其中一个拿出了匕首威胁小军把钱掏出来。小军看情况不对，只好把身上所有值钱的东西都给了他们。他们还恐吓小军不准和父母讲。

小军回家后，妈妈看到小军脸色不好，问他有什么事，小军连声说没有。

接下来的几天，小军在放学回家时经常受到这几个人的恐吓、勒索，每次都是把身上的东西全给了他们。

连续几天，妈妈觉得小军花钱好像特别快，神色也不对劲儿，在妈妈的追问下，小军终于说出了被敲诈勒索的经过。

妈妈听了，觉得事情太危险了，小军也太不会自我保护了。

通过以上案例可见，现在的孩子太缺乏自我保护的能力了。因此，让孩子学会自我保护的能力真是太重要了！那么，父母平时应该怎样培养孩子的自我保护能力呢？

1. 教孩子认识家庭及周围的事物

要让孩子记住父母的姓名、家庭住址，了解家庭周围的环境。在孩子稍大一点儿后，要让他记住父母的工作单位、电话号码等。要给孩子反复强化，直到孩子一口气准确报出。

让孩子认识家用电器：冰箱、电视机、洗衣机、液化气灶具、抽油烟机等。如果一旦使用不当，就会酿成大祸。所以，一定不要让孩子乱触摸这些电器，以免触电、煤气外泄等。如果孩子自己要取冰箱里的食物、做饭等，一定要事先教会孩子使用方法。

要让孩子认识药品，了解一般常识。切勿让孩子品尝那些包装精致、外形美观的药品。应该把一些常用药品如感冒药、创可贴等，拿出来教孩子逐一辨认，让孩子了解药品的名称、用途、用法以及误吃的危险，这样才能防患于未然。

2. 教孩子学会自我防范

孩子缺乏分析能力，父母可以利用聊天、讲故事、看电视等方式，深入浅出地向孩子讲明社会的复杂。告诉孩子，不要轻信陌生人的话，不要吃陌生人给的东西，不要随便跟陌生人走等。让孩子知道，任何人，包括警察，在未得到监护人允许的前提下，都不能将他带走。

现在的一些网站、报纸、杂志、图书、电影等里面有很多不健康的内容，会腐蚀孩子的心灵。要让孩子提高明辨能力，学会自觉抵制。

孩子独自在家时，一定要让他锁好屋门，如果有人敲门，千万不可盲目开门，应首先通过“猫眼儿”观察，或是隔着门问清楚来人的身份，对那些自称是推销员、修理工的人不予理睬，更不要轻信来者是送礼品或送大奖的。

如果有人以父母的同事、朋友或者远方亲戚的身份要求开门，也不能轻信，可以请他等父母回家后再来。遇到陌生人不肯离去，坚持要进入室内时，可以声称要打电话报警，或者到阳台、窗口高声呼喊，向邻居、行人求援，迫使其离去。

父母也应该让孩子在学校注意自我保护，上体育课时着装要朴素大方，宽松合体，最好穿校服或运动服；要穿防滑有弹性的胶底鞋；衣兜应掏空，摘掉胸针、校徽、发卡等饰物；做剧烈活动时，必须摘下眼镜。实验课上一定要严格按照操作规程去做。在课间休息时，应该让孩子避免打斗，更不要让孩子去“袭击”别人，同时也要注意避免受到侵犯。

另外，父母要给孩子讲解一些自然常识。比如，下雨时不得站在大树下，不要靠墙根走，也不要拨打和接听电话，刮大风下大雨时应及时进入室内等。

3. 适当地允许孩子冒点“小险”

我们不希望孩子遭遇危险，可我们怎样才能让孩子自己躲开危险呢？有一个很普遍的例子：我们告诉孩子开水很烫，可还是有很多孩子被开水烫着。这就是因为，孩子没有明白“烫”是什么意思。正确的做法是，我们让他轻轻地碰一碰装了开水的杯子，让他体会到被烫的感觉，这样下次他再看见开水时，自己就会躲开。

同样，我们要适当地允许孩子冒一些“小险”，故意在家里乱堆东西，教他如何绕开或跨过行走；走路时故意挤一挤他，让他知道如果遇到过道狭窄时他该怎么走，等等。这个过程中，我们需要陪在他的左右，虽然我们不能过度保护，但最基本的保护还是要有的。而且，当孩子犯了错时，我们不要去训斥他，而是告诉他应该怎么做，让他明白正确的做法。

4. 教孩子逐渐熟练掌握应对危险的能力

我们不愿意让孩子碰菜刀，因为怕他拿不稳而切到手，但为什么我们切不到自己的手呢？因为我们熟练了。所以，我们也可以多给孩子一些锻炼的机会，让他能熟练处理各种危险，让他也能积累一些处理危险的经验。

我们可以随着孩子年龄的增长，逐渐让孩子接触更多类似于做饭这样的事情，让他多动动手，在做之前我们要将工作的要领完整地教给他，最好还要示范给他看，然后就是放手让他去做。当孩子从不会到学会，再到熟练之后，我们还用担心他遭遇危险吗？

5. 设置危险情境锻炼孩子

有时候，父母只告诉孩子如何遇到危险自救、走丢了应该怎样正确求助等，但孩子有可能并不会真正解决问题。或许孩子可能知道应该怎样做，但因为没有训练过，到事情真发生的时候，就会发蒙。所以，父母在日常生活中，应找机会给孩子设置一些危险情境，让孩子接受锻炼。

小松与妈妈一起去商场，他看见柜台里有一个机器人玩具，就站在那里看。妈妈以为儿子跟着自己，所以就一直朝前走，当她跟儿子说话没听见回应时，才转头去看，这时候已经发现儿子不见了踪影。

妈妈大惊失色，急忙去找商场工作人员，准备让他们广播一下寻找儿子，却意外地发现儿子也站在那里，正在请求工作人员帮助广播寻找妈妈。小松的妈妈看到儿子镇定的模样，知道平时训练儿子遇险自救有了成效，十分欣慰。

孩子经过遇到危险情境自救的多次演练，在遇到类似的真实情况发生时，才会镇定自若，用最有效的办法使自己尽快脱离危险。

教孩子学会自我管理

现在家庭中，大多数孩子都是独生子女，随着生活条件的提高，再加上父母对孩子的溺爱、照顾，在这种环境下长大的孩子，没有自我管理能力，很难适应社会发展的要求。

自我管理能力，是孩子从依赖走向独立的前提和基础，是他们学会生活的必备能力。它会帮助孩子逐渐摆脱对父母的依赖，成为真正独立的人。

如果父母能从小培养孩子自己的事情自己做、自己的东西自己管、自己的生活自己安排的自我管理习惯，就能增强孩子行动的独立性、目的性和计划性，这对于孩子今后生活的幸福和成功无疑是有着巨大的帮助。

在这一点上，国外的一些父母做得相当好。比如，韩国人比较喜欢周末全家出游，不管孩子多大，哪怕只有两三岁，父母都会带上他。而且，父母都会让孩子自己走，自己去照顾自己。有时，小孩子爬累了，走不动了，父母们也很少抱起他们，而只是在一边等他们休息一会儿再接着走。韩国父母认为，应该从小就锻炼孩子的生活自理能力，这样孩子才能学会自我管理。

但是，现实生活中，中国的很多父母往往对孩子照顾有加，使孩子常处于“中心地位”：东西扔乱了，大人来收拾；衣服穿脏了，大人立即洗。这样的孩子一旦离开父母，他们将无法很好地管理自己，也无法生活。因此，做父母的应该放手让孩子去实践，在实践中学会积累经验，培养自我管理能力。

那么，我们如何才能教孩子学会自我管理呢？

1. 父母要做优秀的自我管理者

不能够约束自己言行的孩子未必是家教不严，不少孩子经常受到父母的责骂，甚至受到体罚，但他依然很淘气，似乎不能管住自己的嘴巴和手脚，他总是被警告，但却一次次犯错。如果在父母的监督下，他也许会稍有收敛，但是一旦离开父母的视线，他就“闹翻天”。

妈妈对欢欢要求很严，欢欢犯错的时候经常会受到严厉的训斥。但是，欢欢却不是一个很懂规矩的孩子，更为奇怪的是，欢欢不擅长自我管理，却很擅长“管理”他人。

在家里，妈妈说话做事稍有不当，欢欢就马上“挑错”。为什么会这样呢？原来，妈妈也是这样的，她对自己要求并不严格，但对欢欢的要求却很多。因此，欢欢心里其实很不服气，他常常反驳妈妈说：“自己都管不好，还来管我？”

通过以上案例可以看出，如果我们本身就不是一个优秀的自我管理者，却想培养孩子良好的自我管理能力，实在是很难。只有具备某种能力的人，才能教别人掌握这种能力，这就好比是手里有糖的人，才有“能力”给别人一颗糖。如果我们自己都不能管好自己，如何教孩子学会自我管理呢？即使理论讲得再棒，不能给孩子作出好的榜样，孩子心里也不会服气的。因此，教孩子学会自我管理，要从自己做起。

2. 给孩子自我管理的机会

如果我们经常对孩子发号施令，就会导致他没有对自己“发号施令”的机会了。人都是有惰性的，如果总有人替我们打理好一切，我们也就乐于省心省力了。同样的道理，如果我们总是“替”孩子来管理他自己，孩子也就懒得进行自我管理了。

因此，我们要给孩子自我管理的机会。在做某些事情的时候，我们不要处处为孩子安排，要让他试着管理自己的生活。甚至，他犯错以后，我们也可以不去指责他，而是等着他自己发现错误，给他自我纠偏的机会。

别怕孩子管理不好自己，自我管理也是需要练习的。只要我们肯给他机会，他就会越来越善于自我管理。

3. 帮孩子进行自我管理

我们要“帮”孩子进行自我管理，而不是“替”孩子进行自我管理。当孩子“忘记”进行自我管理的时候，我们可以不时地提示他一下。

陶陶喜欢上网，为了不让他沉迷网络，妈妈希望他能够约束自己。因此，陶陶制定了一个上网规定，规定他每天上网不超过半个小时。但某些时候，陶陶玩起来就会忘记了时间，这时妈妈总会不失时机地提醒他：

“陶陶，记得你自己的规定哦！”得到妈妈的提醒，陶陶就会主动关掉电脑。

这便是替孩子进行自我管理。其实，我们应该相信孩子是有自我管理能力的，只要我们不时地提醒他一下，他就能够进行自我约束。

培养孩子与人合作的能力

合作是以开朗、宽容、善解人意为基础，以能先人后己、富有一定牺牲精神和奉献精神为基础，能为他人着想的良好道德品质。学会合作，不只是一种认识，一种意识，一种情感，一种态度，更表现为一种行为和能力，是一个人的道德品质和心理素质的统一体。

培养孩子学会合作的美德，不仅有利于提高孩子的道德素质、心理素质以及与人共事的能力、适应社会发展的能力，也有利于提高孩子的社会化水平，有利于推动社会的发展和进步。

然而，当下很多孩子都是独生子女，成了全家人关注的中心人物，他们也自觉身价百倍，从而滋长了一些特殊化的思想、心态和性格，诸如破坏性大、脾气大、孤僻、不合群、与人合作能力差等。有些父母视孩子为掌上明珠，拿着怕丢了，顶着怕摔了。因此他们对孩子是百般顺从和迁就，结果使孩子只知道自己，很少想到家人、父母和伙伴们，逐渐养成了以自我为中心的不良心理状态。这不仅会使孩子脱离周围的小伙伴和欢乐愉快的生活，而且也影响孩子的进取心，损害他们的身心健康。

俗话说“兄弟齐心，其利断金”，只有相互团结合作才有可能把事情办得又快又好。社会上的每一个人都是相互联系的，孤立存在的人是没有的，特别是现代社会，更讲求合作精神，一个懂得合作的孩子会很快适应工作岗位的集体操作，并发挥积极作用；而不懂合作的孩子在生活中会遇到许多无所适从的麻烦。

因此，父母应当注意培养孩子的团结合作精神，具体可以从以下几个方面着手：

1. 给孩子创造一个良好的家庭氛围

一个整天争吵不休的家庭，很难造就出一个具有和谐人际关系的孩子。父母必须把家庭成员之间的关系处理得恰当、合理。对邻居、对同事、对来客都要热情、平等、谦虚、有礼貌。孩子会以父母为楷模，逐步养成尊重别人、爱护别人的良好品德。

2. 树立平等观念

要教育孩子在平等的原则上为人处世，告诉孩子不管对谁都应树立平等的观念。要让孩子懂得，在人格上，人与人之间永远是平等的。遇事要无私，要言而有信。只有这样，人与人之间才能互相信赖、和睦相处。特别是要教育孩子严于律己，宽厚待人，尊重他人，不轻易地怀疑、怨恨、敌视他人。

3. 鼓励孩子多交朋友

让孩子多交一个朋友，就等于帮助他们多打开一扇窗口，使其视野开阔，心胸宽广。而不擅交际的孩子大多性格抑郁，因为时时可能遭受孤独的煎熬，享受不到友情的温暖。因此，妈妈要鼓励孩子多交朋友，特别是同龄朋友。比如，欢迎孩子的小伙伴到家里来做客，并热情接待这些小客人；又如，对孩子的朋友感兴趣，引导孩子谈论与朋友交往中的事情；谈论朋友的长处，告诉孩子千万不能天天盯着别人的短处，长此以往，就无法和朋友们友好相处，等等。

4. 要让孩子多参加集体活动

每个人都是在集体中成长的，集体需要各种各样个性鲜明的孩子，这样，集体这个大花园才会百花齐放、绚烂多彩。但更重要的是，集体中的每一个成员都应该具备集体意识。在集体中个人的力量很薄弱，个人的智慧像大海中的一滴水那样微小，许多工作都要靠集体的力量才能完成。

如果孩子的自我意识较强，常常以“自我”为圆心，以“个人主义”为半径，就会画来画去都离不开“自己”的小圈子，心中没有他人，没有集体，缺乏顾全大局的意识。所以妈妈应当从小培养孩子的集体意识，可以利用暑假送孩子参加各种各样的夏令营，平时多鼓励孩子和朋友一起行动，不要总把孩子拴在自己身边。

5. 让孩子知道团结的重要性

要想让孩子知道“团结才有力量”这个道理，如果父母单凭说教，效果不一定好，但如果把这些道理揉进游戏中，孩子在体会游戏快乐的同时，也能感悟到团结的重要性，这样就能一举两得，欢欢的妈妈就是这样做的。

一天，妈妈带欢欢去公园玩，在路上，欢欢捡了几根很细的枯树枝拿在手里玩。在公园的长椅上坐下后，妈妈对欢欢说：“来，我们来玩个折树枝的游戏，看你能不能把这些树枝都折断。”

“当然能。”欢欢说完，从妈妈手里接过一根树枝，“啪”的一声就折断了。

“那你再把这些都合在一起，看能不能一下就把它们都折断?”

欢欢满不在乎地接过妈妈手里的几根树枝，用力折起来。可是，无论欢欢怎么用力，树枝一根也没有断。

这时候，妈妈不失时机地问：“欢欢，刚才一根树枝你轻易地就折断了，现在把几根合在一起就折不断，你知道这是为什么吗?”

欢欢点了点头说："我明白了，妈妈，团结的力量真大呀!"

6. 让孩子体验与人合作的乐趣

一次成功的合作可以让孩子获得良好的心理体验，更能带给他们无穷无尽的乐趣，让他们产生积极的情绪，从而增强孩子的合作意识，促进孩子的合作行为。研究表明，越早让孩子体验合作的乐趣，越能培养起他们与人合作的习惯。

父母可以鼓励孩子多参加班级组织的以小组为单位的竞赛，告诉他们不要太在乎比赛的结果，最重要的是体会到与他人合作参与的乐趣，体会到自己独自奋斗与集体奋斗的不同感受。

7. 教孩子懂得在合作过程中要给他人机会

有的孩子好胜心比较强，总希望能够超过他人。在与人合作的过程中，他处处都要表现自己，甚至将自己的合作者当成对手和敌人，不顾一切地与他人对立。针对这种情况，我们就要提醒孩子，合作是双方长处的珠联璧合。在合作过程中应该多考虑集体的利益，要懂得约束个人行为，给别人机会，不能只顾表现自己而伤害到集体的利益。

给孩子的第一本独立自主书

PART 4

高情商，让孩子做自己情绪的小主人

在我们生命中的每一天，每个人首先面临的就是情绪管理。

让孩子学会管理自己的情绪

美国著名心理学家、人际关系家戴尔·卡耐基说："在我们生命中的每一天，每个人首先面临的就是情绪管理。因此，我毫不犹豫地将情绪管理称为整个人生的第一管理。"

事实证明，在事业上有所成就的人，大多懂得如何控制情绪，比如，美国历史上伟大的总统亚伯拉罕·林肯、伟大的数学家阿基米德、中国古代的智囊诸葛亮、陈平等。

而那些不懂得控制情绪的人，往往为坏情绪所困，暴露了他们性格的缺陷，成了敌人攻击的要害。例如历史上的关羽，就是一个不懂得控制情绪的人。孙权为儿子向关羽女儿求婚，关羽以"犬子哪能配虎女"的辞令回拒，何其爽快；攻襄樊，水淹七军，使曹操吓得想迁都，此时的关羽威震华夏，何其威风。可是，吕蒙白衣渡江，使得关羽败走麦城。世人说关羽是"大意失荆州"，倒不如说他是情绪管理不当、骄矜狂妄所致。

情绪是情感的表现形式，它是人们与生俱来的一种心理活动，可以左右人的思想和行为。对于孩子来说，正面情绪可以让孩子处事冷静、不急不躁、乐观自信，而负面情绪则会让孩子容易冲动、焦躁易怒、自私冷漠。所以孩子如果能很好地控制自己的情绪，不让负面情绪过多地影响自己，也就能控制好自己的言行。

其实，情绪的调控能力，也是情商的重要内容之一，所以，情绪自控能力强的孩子，情商也比较高。这样的孩子其心境、心态都很好，适应能力强，更容易得到别人的友谊与重视。

新学期开始了，玲玲与一位以前闹过别扭的同学坐在了一起。玲玲性格开朗，不拘小节，她并没有把以前的小别扭放在心里，还是以平常的态度对待这位新同桌。可她的同桌却有点儿“小心眼”，还记得以前的事，所以对玲玲很冷淡，有时还会故意找事对玲玲冷嘲热讽两句。但玲玲总是一笑而过，并没有吵架，这让她的同桌在不舒服的同时，又拿玲玲无可奈何，就像自己出了一记重拳却打在了棉花上。

后来，这位同桌实在忍不住了，没好气地问玲玲：“你是傻子还是圣人，怎么我那样对你，你却一点儿反应也没有呀？”玲玲冲她笑了笑说：“咱们都同桌了，说明有缘分，为什么还要为以前的小事跟对方过不去呢！太不值得了。”她的同桌听后当时没说什么，可过后却与玲玲越来越好了。

很快，她与玲玲就成了形影不离的好朋友。

例中的玲玲就是一个情绪自我调控能力比较强的孩子，她能忍受同桌的不公平对待，并最终让小事化了，与同桌建立起了一份真正的友谊。

孩子的情绪问题对孩子的成长至关重要。积极的情绪对孩子的身心发展能起到促进作用，有助于孩子潜在能力的发挥，消极的情绪则可能使孩子的心理失去平衡，甚至影响他的人格建构，影响他未来的生活和事业。

因此，为了让孩子能够健康快乐地成长，父母应当让孩子学会管理自己的情绪，不要让不良情绪影响到自己，从而为他将来的成功打下坚实的基础。

那么，父母应当怎样做，才能让孩子控制好自己的情绪，成为情绪的主人呢？

1. 培养孩子良好的心态

良好的心态是指孩子能够用积极、乐观的态度来看待问题，因此总是能够看到希望和信心。良好的心态可以帮助孩子调节好自己的不良心理，从而把自己的精力转移到解决问题上来。

平时在生活中，父母应该保持一个良好的心态，积极、乐观地看待问题，遇到困难和挫折时不要消极悲观，这样才能给孩子树立良好的榜样。

同时，当孩子遇到困难或者挫折时，要指导孩子看到它们积极的方面，培养他们良好的心态。

2. 教给孩子调控激动情绪的方法

我们成年人都有受外界影响而控制不住情绪的时候，更何况是身心都没有发育完全的孩子。孩子的情绪会经常在外界环境影响下起伏不定，失去控制，如果我们此时能教给他一些自我调控情绪的方法，就可以帮助孩子驾驭好自己的情绪。

（1）注意力转移法。当孩子生气发怒，或有其他不良情绪时，我们可以带他出去运动一下，或是让他看一些他喜欢的动画片……

（2）自然、艺术陶冶法。当孩子较长时间受某些负面情绪影响时，我们可以带他到景色优美的地方旅游，让他的身心在大自然中放松一下。我们还可以带他去看看画展，或是听听音乐会，欣赏一下舞台剧等，让他在高雅的艺术氛围下，抛开那些不良情绪带给他的影响。

（3）自我暗示法。我们可以让孩子在不良情绪爆发前，在心里默念“我不生气，不生气”，或者是不停地想着“我今天心情很好，很好”……这样的心理暗示语言可以让孩子紧绷着的情绪逐渐放松下来，从而达到控制情绪的目的。

3. 教会孩子宣泄负面情绪

气愤、失望等负面情绪长期积蓄在心里得不到宣泄，不仅会影响孩子的身体健康，更不利于孩子调节自己的心理。

因此，父母应该及时觉察孩子的情绪变化，用温和的语言或者行动引导他们说出自己的烦恼，指导他们采用合理的方式宣泄自己的负面情绪，如气愤时可以找个安静的地方自言自语地发泄一下或者向父母倾诉等。

4. 让孩子学会面对压力

过大的心理压力是孩子心理出现不适的重要原因。现在的孩子面临着更大的升学考试、学习、人际关系等压力，因此，让孩子学会正确处理这些压力可以帮助他们保持心理的健康和平静。

苗苗是个四年级的孩子。有一次，老师让她代表学校去参加一次竞赛，突如其来的压力使得她吃不好、睡不好。

妈妈知道后，便对她说："参加竞赛，得奖并不是最重要的，重要的是让它激励你更好地学习和思考。"苗苗听了之后，如释重负。以后她总是用妈妈的话来提醒自己专注于学习，而不是竞赛的结果。放松下来之后，在那次竞赛中，苗苗以绝对的优势为学校赢回了荣誉，也赢得了自己的成功。

一定的心理压力有助于促进学习，但是心理压力过大则不利于学习。因此，父母在平时的生活中应当鼓励孩子勇敢地面对压力，专注于学习本身，不要太在意功名荣誉，调节好自己的心理状态。

教孩子学会控制愤怒情绪

李强今年上初一。由于是家中的独生子，长辈都很溺爱他，以至于他养成了以自我为中心的习惯。如果他与同学发生矛盾，李强总是指责别人的错误，而看不到或不愿承认自身的缺点。所以，他与同学之间很容易发生矛盾。

一天，由于打扫卫生的原因，李强的座位被挤得很小。他觉得很委屈，便对身后的王刚说："你把桌子拉一下嘛！我都没地方了！"可王刚听了李强的话，冷冷地说："不拉！"李强一听，马上来气，便走出座位，亲自去拉王刚的课桌。不料，拉得过猛，桌脚碰到了王刚的小腿。王刚生气了，站起身便要打李强。李强见势也不甘示弱，两人便扭打在一起。最后等老师来了才劝开两人，可两人都已经鼻青脸肿。

上例中的李强由于脾气过于暴躁，不能很好地控制自己的愤怒情绪，所以才和王刚打起来。

生活中，每个人都免不了动怒。从心理学角度看，发怒是一种情绪。愤怒的导火线可能来自外部因素，如与同学、老师、父母等的摩擦，或交通阻塞、上学迟到等，也可能来自于内部因素，如心中的烦恼，以及对创伤性事件的记忆等。

发怒是人类所拥有的一种正常的情绪体验。可是如果不能很好地控制愤怒情绪，它就会引发各种问题。因为愤怒有着很强的破坏力，人在愤怒的时候，意志力会变得薄弱，判断力、理解力都会降低，从而容易丧失理智和自制力。有时候它会让孩子无法控制自己的行为，作出伤害他人或自己的出格举动，甚至会导致犯罪。

因此，作为父母，应当教孩子学会控制自己的愤怒情绪，那么，父母应当怎样做呢？

1. 父母要以身作则

父母是孩子的启蒙老师，孩子的言行举动多半是从父母身上潜移默化而来的，要使自己的孩子不动辄发怒，父母首先要控制好自己的脾气，不要让孩子看到自己暴怒的样子。要和善待人，为孩子营造祥和、宽松的气氛，在这种安定、温暖的气氛中，使孩子易怒的心境渐渐地变得平和。

2. 告诉孩子发怒的危害

父母要让孩子认识到，发怒对自己没有任何好处，不但会危害自己的身心健康，而且还不能使问题得到解决。而平息自己的怒气，控制自己的攻击性情绪，不仅是一种自爱，还能够提高自己的说服力。这样，孩子无论在同伴还是在陌生人面前，都知道采取平和的态度来解决问题，而不是轻易发火。

3. 父母要常与孩子沟通

父母要多关心爱护孩子，平时多过问孩子在生活、学习或交友中遇到什么问题，给予孩子一定的帮助、鼓励或安慰，使孩子体会到父母的关爱，这种爱有利于孩子以爱心待人，这样，当他发怒时，会因为爱心而尽量控制住。

4. 让孩子进行放松训练

简单的放松训练，如深呼吸、想象放松等都有助于舒缓愤怒的情绪。

如果孩子和某人关系紧张是由于脾气暴躁所导致的，那么练习放松就是一个非常好的解决方法。

具体操作步骤：深呼吸，全身放松。缓慢地念一个能让你放松的词，如“放松”“别激动”，一边放松身体，一边重复念词。想象一个令人放松的经历，可以是亲身经历过的，也可以是想象出来的。可练习瑜伽，放松自己的肌肉，使心情更加平静。

5. 让孩子用倾听控制愤怒

愤怒会使人仓促地作出论断，这些论断往往都是不客观的。父母应该告诉孩子，在和别人争得面红耳赤时，不妨冷静一下，想想自己的反应。

不要不加思考就说出跳入脑海的第一句话。应该认真地倾听对方的话，冷静思考一下，自己想说的每一句话是否正确。

当遭到对方批评的时候，可以采取防御措施，慢慢地深呼吸，控制自己的愤怒情绪。保持镇定、认真倾听，同时降低说话的声调，并让声音越来越小、语速越来越慢，这样一来，对方会在不知不觉中跟着你降低了声调，一场战火就会因此而归于平静，从而避免事态变得更加严重。

6. 释放愤怒，转移注意

孩子的情绪往往瞬息万变，将注意力适时地转移到其他事情上，可以有效地进行自我调节。

当孩子生气时，应建议他去做一些他喜欢做的事情来释放情绪，转移注意力。例如，出去散散步，在喧闹的音乐声中随便跳跳舞，或者跳绳，从而改变血液流动方向；洗个澡，把愤怒“洗掉”；用双手挤压泥土、撕废纸，或拥抱一下自己；到户外或者是自己的房间大叫；拍打枕头或者扔球玩；等等。

愤怒让人感到压抑、困惑和疲惫，但既然是无法避免的，就不妨通过积极的约束和消解的方法，教会孩子有效地处理自己的愤怒情绪。

不要让孩子陷入焦虑的泥沼中

月月的父母希望月月能好好学习，将来考上大学，有个好前途。为了能让月月达到他们期望的目标，月月的父母在周末给孩子报了好几个补习班和兴趣班。

月月本来是一个活泼可爱的小女孩，在班里成绩也不错，自从参加了补习班和兴趣班，月月变得易怒、烦躁、睡眠也不好，成绩因此明显下降了很多。

月月的父母感到奇怪，为什么给孩子报了补习班，孩子的成绩反而下降了呢？他们通过向月月多次询问和沟通，月月才小心翼翼地说“周末我看见别的小朋友玩，自己却还要上课，心里不舒服，学不下去，但又怕你们说我，思想一直矛盾，学习也因此分心了。”月月的父母此时才后悔不该擅自做主给孩子报那么多补习班。

焦虑，是一种压力导致的紧张不安的情绪，上例中的月月是因为父母对自己的期望很大，而自己却不想按照父母要求的去做，期待另外一种生活，但又不敢违抗父母的命令，内心的矛盾、冲突必然导致情绪上的焦虑和不安。

对于孩子来说，焦虑通常体现在三个方面：首先是考试焦虑，在考试前、上台表演前、体育比赛等情境中，常常伴有焦虑的体验。其次是适应新环境的焦虑。有的孩子在环境改变，如转学、住校等情况下，不知如何跟新的老师、同学相处，不知怎样照顾、安排好自己的生活，就会产生焦虑情绪。最后是青春期焦虑。处于生长发育期的孩子，对自己过分关注，常担心自己长不高、长得不漂亮，对青春期出现的生理现象，如痛经、遗精等感到焦虑，这些都是常见的心理情绪。此外，孩子在出现重大家庭变故时，如父母离异、亲人死亡，或遭受冤枉、歧视等情况时，都会产生焦虑。

科学研究表明，适度的、可以控制的焦虑对人是有益的，它会促进孩子的健康成长。然而，当焦虑超过了一定的限度，使人惶恐不安、忧心如焚、彻夜难眠、不思饮食时，就发展成为“焦虑障碍”。它会严重影响孩子的学习和生活，有的孩子甚至会产生严重的恐惧感和攻击性行为。如果父母不能及时发现并帮助孩子解除焦虑，将产生严重的后果。

因此，父母一定不要忽视孩子的焦虑情绪，当发现孩子的焦虑情绪后，应予以科学引导，以便使孩子尽早摆脱困扰。

那么，父母应该怎么做呢？

1. 教孩子正确认知，建立自信

不少焦虑障碍的孩子具有完美主义倾向，对自己要求过高。当他们无法达到难以实现的目标时，就会出现明显的焦虑。帮助他们建立更合适的认知模式，会有效减少他们的焦虑。

父母应教会孩子认识自己是怎么样的一个人，有什么能力，想要做什么，能够做什么，然后正确评价自己。同时告诉孩子，不要太在意别人对自己的看法，正确对待外界的压力和挑战。

孩子的认知观念还没有成熟，容易把事情绝对化，以点带面，以偏赅全，把事情想象得非常可怕或糟糕。改变不正确的认知，对于克服焦虑情绪非常关键。父母要让孩子学会从多角度看问题，纠正其认识的偏差，教他们正确对待那些容易引起焦虑的事情，如考试、升学及一些突发事件。

自信心是治疗焦虑的前提。没有自信的人，对自己完成任务的能力总是抱着怀疑的态度，因此容易产生忧虑、紧张的怀疑。对这样的孩子，父母要善于发现其长处，用赞扬和鼓励的方式帮孩子建立自信。

2. 对孩子的期望与要求要合理

现在的孩子尤其是独生孩子，担负着好几代人的希望。爸爸妈妈难免会对孩子提出这样那样的要求，但是一旦要求失当，就会对孩子产生不良影响，所以爸爸妈妈一定要注意提出的要求要顺应孩子的生理和心理特性。同时，要尊重孩子，不能苛求孩子，当孩子未达到要求时，千万不要嘲讽挖苦，或者板着脸不搭理，这样会使孩子感到压抑，或是出于逆反心理而反抗，从而加重孩子的焦虑。爸爸妈妈应给孩子一定的自主权利，与孩子谈话时应平等商讨，如果孩子脾气倔强，也要耐心教育，不要用命令、训斥的口气，甚至采用粗暴和强制的方法，须知任何与孩子心理和生理不适应的行为和方式都是错误的，都是有害的。

3. 营造和谐宽松的家庭环境

要防止儿童过度的焦虑，作为父母，应尽量给孩子一个宽松的环境，切不可动辄就施高压搞处罚。爸爸妈妈有责任和义务提高自己对孩子的管理、教育能力，及时发现和解决孩子产生的问题。平时，要尽量每天抽出几分钟时间与孩子交心，一方面拉近爸爸妈妈与孩子的距离，另一方面增进感情。要把孩子培养成自信、豁达、活泼、开朗的人，而要做到这一点，家庭环境一定要整洁、朴实、有条理；家庭成员之间要和睦、民主，有意营造一个良好的生活环境和家庭氛围，这是让孩子远离焦虑、实现健康成长的一个重要条件。

4. 恰当地指导孩子

当孩子对某事表现出过强的焦虑时，爸爸妈妈要引导孩子说出自己所担忧的事情，对孩子的痛苦表示同情，并尽量消除孩子的顾虑，帮助孩子控制不安和失败的心情。由于焦虑往往是和紧张的气氛相联系的，所以爸爸妈妈可以经常带孩子进行户外活动，或让孩子参加体育锻炼，这都有益于孩子保持乐观的情绪，消除焦虑的不良影响。任何恰当的指导，对孩子都是有益的。

5. 教孩子学会自我放松

父母让孩子学会自我放松，能有效控制焦虑情绪的影响。放松的方式很多，如转移注意力、听音乐等。

当感到焦虑时，可以尝试深呼吸法、意念放松法、肌肉放松法等。深呼吸法是最常用的方法，调节呼吸可以放松心情。意念放松类似自我暗示，可闭眼默念“我很平静”“我不紧张”等语句，通过意念来消除紧张。肌肉放松法是先闭眼，调匀呼吸，然后慢慢握紧拳头，再放松，在这个过程中感受肌肉的变化，帮助放松心情。

教孩子远离嫉妒

嫉妒心理是人类一种普遍存在的心理状态。在独生子女群体中，这种现象尤为严重。

独生子女多在家长们众星捧月的环境中长大，很容易就染上了“娇”“骄”二气，他们容不得别人比自己做得好，也不愿听夸奖别人的话，由此，他们便产生了嫉妒心理。

在中国与希腊合作进行的跨文化儿童心理比较研究中，研究人员发现，中国儿童在嫉妒测试中得分较高。对此，专家给出这样的解释，根据心理动力学理论，儿童的嫉妒最初大多是针对自己的兄弟姐妹，并在与兄弟姐妹的相处中学会克服。中国的家庭大部分只有一个孩子，他们可能无法顺利地学会克服自己的嫉妒心理。

科学研究也证明，嫉妒作为一种心理活动产生的是很早的。有人做过实验，15个月的孩子，如果妈妈当着他的面抱别的孩子，他就会有所反应，非要让妈妈放下别人抱自己，并紧紧搂住妈妈，好像在说：“这是我的妈妈，不是你的。”

生活中我们也经常发现，很多种情况都能使孩子尤其是独生子女产生嫉妒。

比如，家里来了别的小朋友，妈妈夸赞几句或表示亲昵些，自家的孩子就会嫉妒，对外来的小朋友采取不友好的态度。

如果别的小朋友有什么好玩的玩具，自己没有，心里就会不舒服。

两个孩子玩游戏本来好好的，一个孩子看别人搭积木搭得又快又好，自己却怎么也搭不好，他很着急，索性把两个人的积木全都推了，“我搭不好，你也别想搭成”！这就是孩子的想法。

如果我们细心观察，这样的例子很多。可见嫉妒在每个孩子身上，都有不同程度的反映。

孩子有一些嫉妒心理虽然可以理解，但这并不意味着父母可以采取听之任之、放任不管的态度。因为孩子的嫉妒心理一旦严重，就会演变为其人格的一部分。另外，孩子如果嫉妒心过强，也容易受外界的刺激，而产生诸多不良情绪，不仅影响学习进步，而且对身心的成长极为不利。

卢刚事件，现在的大多数父母或许已经淡忘，但这起事件的惨痛教训却仍值得我们深思。

中国大学生卢刚在国内就读时，学习成绩一直是名列前茅。他于1986年赴美留学，据说他的博士入学考试成绩创下了爱荷华大学的纪录。就是这样一位优秀的学生，他的行为却让人倍感震惊。

那是1991年11月1日下午，美国爱荷华大学的物理大楼三层的一间教室内，几个教授和研究生正在进行有关天体物理的讨论。3点30分左右，一直参加讨论的中国留学生卢刚突然从口袋里掏出一把手枪，首先对准自己的导师葛尔兹开了一枪，葛尔兹教授应声倒下。接着卢刚又不慌不忙地对准旁边的史密斯教授开了一枪，史密斯教授也倒在血泊里。卢刚又把枪对准了自己的同学山林华，只听到“砰”的一声枪响。当教室里的其他同学被吓得目瞪口呆、惊慌失措的时候，卢刚匆匆离开了教室，跑到系办公室，一枪击毙了系主任。然后又走进行政大楼，向副校长开了一枪。最后的一声枪响，他是对准自己的。

卢刚的这次行动，显然是精心策划的。然而他作案的动机，竟简单得让人难以置信。他认为葛尔兹教授在毕业论文答辩时有意刁难他，致使他没有取得博士学位；另一个原因是，晚来一年的同学山林华不仅受到葛尔兹教授的青睐，而且还比他早拿到博士学位。最让他嫉妒并难以容忍的是，山林华还得到了他渴望得到的竞争优秀论文荣誉奖的提名。

由此可见，嫉妒心理的确是一种破坏性极强的病态心理，如果不加以控制，就会对生活、人生、工作、事业都产生消极的影响，正如培根所说：嫉妒这恶魔总是在暗暗地、悄悄地毁掉人间的好东西。因此，父母一定要帮助孩子清理掉这种不健康的心理情感。

那么，父母具体应该怎么做呢？

1. 帮助孩子认识到嫉妒的危害

嫉妒给孩子带来的危害主要有以下两方面：

首先，造成人际关系紧张。嫉妒心重的孩子总是在别人背后说三道四，并会导致中伤、诋毁等行为的产生。强烈的嫉妒心还会让孩子产生报复心理，对自己和他人都造成伤害。

其次，嫉妒会造成孩子心里的痛苦。一个嫉妒心强的人，常常会陷入痛苦和焦虑之中不能自拔。消极情绪的存在会抑制孩子潜能的发挥，还会导致孩子心理的扭曲及人格的不完善。

父母要帮助孩子认识到嫉妒的危害，学会调整自己的嫉妒情绪。

2. 让孩子学会正确地评价自己和他人

学会正确地评价自己和别人，是克服孩子嫉妒心理的重要途径。孩子要清楚地评价自己的能力，不对自己提出过高的要求，要在身边寻找自己的榜样，多看别人的长处。父母要告诉孩子，当别人成功时要能接受现实，虚心地向别人学习。

小云和小芳各有所长，老师对她们都经常给予表扬。因而，小芳的心态还比较平衡。三年级换了个班主任，新班主任是语文老师，这位老师特别喜欢作文写得好的孩子，经常在全班朗读小云的作文，夸奖她的作文写得好。

小芳因此产生了失落感，她觉得自己失去了在老师和同学们心目中的位置，而造成这种情况的根源就在小云身上。因而她采取不正确的手段，出小云的洋相，希望新班主任对自己也重视。

爸爸知道情况后批评了小芳，告诉她要以正当竞争取胜，并和她一起分析自身的优势在哪里，以及如何跟小云进行良性竞争。经过反省，小芳认识到自己在体育上比小云强，于是在体育上多下苦功。半学期后，凭着出色的体育技能，小芳也赢得了老师的青睐。

“金无足赤，人无完人。”父母应该向孩子讲清楚每个人都有长处和短处，让孩子认识到人和人之间存在的差异，同时教孩子敢于承认自己的缺点，靠自己的努力发挥长处，规避缺点。同时要告诉孩子，嫉妒非但不会帮助他进步，还会影响他的奋斗精神。父母要让孩子在认识自己和他人的过程中削弱自己的嫉妒心理。

3. 培养孩子博大的胸怀

玲玲是个小心眼、爱嫉妒的小姑娘。一天她看到邻居家的女孩园园穿了一件新衣服，就跑到妈妈跟前说园园的衣服有各种毛病。妈妈笑了笑，然后给玲玲讲了两个故事。

一个故事是：战国时，庞涓妒忌同窗好友孙膑的才能，他把孙膑骗到魏国，用罗织的罪名挖去孙膑的膝盖骨。孙膑忍着痛苦，终于逃出魏国，在马陵之战中，打败庞涓，并取其性命。庞涓自取灭亡，落得被后人唾骂的下场。

另一个故事是：三国时周瑜妒忌诸葛亮的才能，几次要害诸葛亮，但是最终害不着别人反而害了自己，堂堂吴国大都督，没有死在刀光剑影的沙场，却因妒忌而气死在病榻之上。

听完故事，玲玲若有所悟。妈妈趁机说：“孩子，做人一定要有宽大的胸怀。”玲玲听了，使劲点了点头。

有嫉妒心理的孩子，往往有自身的性格弱点。如与人交往时，喜欢做核心，不能成为社交中心时，就会发脾气；不会感谢人；易受外界影响等。对有性格弱点的孩子，父母要耐心引导，要引导孩子学会理解和宽容比自己优秀的同学。孩子真正学会了宽容和理解，才能做到向优秀的同学学习，也只有通过学习，他们才能体会到宽容的意义，体验到宽容带来的快乐，进一步激发“进步”意识。

如果孩子总是把竞争的着眼点放在比自己优秀的人上，总是想和比自己优秀的人比个输赢，那么就容易产生嫉妒、自卑和怯场的心理。父母对于嫉妒心重的孩子要悉心教导，鼓励孩子宽容和学习别人的长处，引导孩子通过努力去超越别人。

4. 培养孩子的自信心

存在嫉妒心理的孩子一般都会有自卑的情绪。缺乏自信心的孩子喜欢强调自己的弱点，而这种自卑的感觉更容易刺激孩子的妒忌心理。因此，父母要帮助孩子建立自信，让孩子对自己充满信心，这样就能有效避免对别人产生嫉妒心理了。

一直喜欢画画的琳琳今年上四年级了，班里的同学都没有她画得好，她的作品经常会被老师展览给同学们看。最近班里转来了一个比她会画画的学生，琳琳的光芒全被她盖住了，为此，她很嫉妒那位同学。

妈妈看出了女儿的小心思，和孩子沟通后，妈妈告诉琳琳：“不管在什么情况下，你都是妈妈心中最棒的女儿。”在妈妈的鼓励下，琳琳又恢复了自信，开始努力地练习画画。

因此，当孩子自己解决了一个难题或是取得了一点儿进步时，父母要给予他积极的鼓励。父母的赞赏，不仅会帮助孩子克服嫉妒心理，还能培养出孩子的自信。

正确引导孩子的逆反心理

莉莉是个初二的学生。据莉莉的妈妈反映，莉莉以前是比较乖巧听话的孩子，学习成绩也一直不错。可是，最近她发现莉莉“越来越不听话”了，且“主意多得很”，经常像故意跟父母“对着干”似的，而且倔强得很，不肯认错和服输。

曾经有一件事情让莉莉的父母伤心不已：莉莉的一位同学过生日，准备邀请几个同学一起到高级西餐厅庆贺一番。莉莉的爸爸妈妈心里不太愿意女儿跟那几个同学交往，认为那几个同学不求上进，而且，一贯节俭的他们也无法接受小孩子用这种方式过生日，因此坚决不允许莉莉去参加。

莉莉则认为妈妈对同学有偏见，说父母老土，坚持要去参加同学的生日聚会。爸爸妈妈见女儿不听劝告也很生气，威胁女儿说：“你可以去，不过，去了就别想再进这个家门。”没想到，女儿竟然说：“我就去，我再也不愿意见到你们。”

尽管莉莉最后没有去参加聚会，但她一直在跟父母怄气。莉莉的妈妈看在眼里，急在心里，她不明白平时一贯听话的女儿怎么越来越不听话了。

做父母的都希望孩子能永远听话、永远那么乖巧，但事实上每个孩子在成长的过程中都会出现逆反心理，其实这是正常的，关键就在于父母如何去正确地引导。

孩子到了一定的时候，往往产生一种与爸爸妈妈相抵触的情绪：他们心里有什么话也不愿向父母说，对于爸爸妈妈的批评和劝导不像以前那样听话了，甚至产生抵触、不顺从的情绪。其实这种逆反心理就是你说正，却使我产生一种负的感觉，你本来想叫我向东，我却偏偏产生一种向西的要求。你不许我这样做，倒反而使我增强了想这样做的欲望。

逆反心理是一种固执偏激的思维习惯，它使孩子不但无法客观地、准确地认识事物的本来面目，反而会采取错误的方法和途径去解决所面临的问题。如果逆反心理经常地、反复地出现，就会构成一种狭隘的心理定势，与常理思维背道而驰。逆反心理是一种消极的心理，不但对孩子的学习非常有害，而且对他们身心的健康发展也很不利。

逆反心理还会导致孩子对人和事多疑、偏执、冷漠、不合群等病态性格，使之信念动摇、理想泯灭、意志衰退、工作消极、学习被动、生活萎靡等，进一步发展，还可能向犯罪心理和病态心理转化。

事实上，每个孩子在成长的过程中都会出现独立意识和反叛情绪，父母要正确认识孩子的逆反心理，用科学的方法来化解和矫正这种心理，通过循循善诱，对症下药，把孩子引导到正确的人生道路上来，而不要像上例中的莉莉父母那样，采取了简单粗暴的威胁孩子的方法，那样只会加剧孩子的逆反心理。

那么，父母应该如何正确引导呢？

1. 加强和孩子的沟通

有的父母很少关注孩子的心理变化，而只是一味地按照自己的想法去塑造孩子，总是对孩子提出很高的要求。孩子一旦没有达到父母的期望，父母就会批评孩子，而不去倾听孩子的想法，时间一长，孩子就会产生对立情绪和逆反心理。

所以，父母要重视和孩子的沟通，站在孩子的角度，设身处地地为孩子考虑，让孩子和父母的关系变得融洽，孩子在心理上产生了对父母的依赖和敬重，就会远离逆反的情绪。

2. 要冷静面对孩子的问题

对于孩子出现的各种问题，父母一定要冷静处理。孩子一般不太懂得控制自己，当他对大人的管教不服气时，可能会情绪比较激动，有过激的言语和行动，这时父母千万不要跟着孩子一起急，要想办法先控制孩子的情绪，把事情暂时放一放，让双方都冷静下来，心平气和之后再来沟通。父母要亲自找出事情的真相和原委，避免轻信第三方的看法，避免采取错误的处理方式给孩子造成伤害。

3. 不要盲目责怪孩子

有时，看起来“逆反行动”是针对父母的，但实际上也许根本不是那么回事。有一家人一向在星期日早上10点钟去爷爷奶奶家看望老人。一天，儿子却宣布他要晚起，不参加次日的“集体活动”了。他的父母本来可以大发脾气，把此举解释为青少年对家庭的抵制。但是，他们并没有这么做，而是心平气和地问明了原因。原来，孩子前一天为了学校的校报忙到很晚，实在是太累了。

于是家人便把去爷爷奶奶家的时间改为下午2点。

4. 父母要学会尊重孩子

孩子心理产生了独立意识就希望父母以平等的态度来对待他们，而不是把他们当成孩子，让他们无条件地服从父母的安排。这就要求父母学会尊重孩子，与孩子建立一种平等关系，允许孩子对父母的安排有选择性地执行。

李超平时是个很听话的孩子，可是他最近越来越不把妈妈的话放在心上。妈妈觉得这是孩子的逆反心理在作怪，她决定和孩子好好交流一下。

这天吃过晚饭，妈妈摸着李超的头问：“超超，是不是妈妈最近做了什么不恰当的事情，让你不开心了？”李超告诉妈妈，他已经上五年级了，应该有一定的自由了，他想和同学一起玩，可是妈妈老是让他放学后就回家做作业。每次听到妈妈的话，他就会不自觉地恨妈妈不理解自己，才会出现和妈妈对着干的情绪。

妈妈听了孩子的话，开始允许他在不影响学习的情况下和伙伴玩。李超的逆反情绪明显减轻了。

父母要理解孩子，尊重孩子，不要用自己的权威身份来强迫孩子按自己的命令办事，否则会激发孩子的逆反心理。对于孩子选择的和喜欢做的事情，不要一味地阻拦，而是要听取孩子的意见，相信并尊重孩子的选择。

5. 不要拒绝孩子的合理要求

孩子有很强的好奇心，一旦好奇心被父母否定，孩子就会产生和父母对立的情绪，就会不听父母的话而故意和父母对着干。

所以，父母对于孩子的合理要求，不要强制性地制止，而应该相信孩子的能力，满足孩子对事物的好奇心。这就需要父母认真分析孩子的行为，有针对性地满足，同时不能对孩子一点儿约束都没有。

6. 用表扬来化解孩子的逆反心理

存在逆反心理的孩子，　般比较好强，他们不希望自己落后于别人。

父母应该抓住孩子的这个心理，用适时的表扬来化解孩子的逆反心理。

轩轩是个特爱听夸奖的小孩子，今年5岁了。她不听妈妈话的时候，妈妈都会用夸奖她的招数来让女儿听话。这天妈妈带她去超市，轩轩非要妈妈抱着自己走，可是当时妈妈手上提着很多东西，根本没法抱她。

这时候，妈妈指着一个自己走路的孩子说轩轩比她听话，不会让妈妈抱她的。这招果真奏效，轩轩乐滋滋地自己走路了。

父母对孩子的批评和指责，虽然可以帮助他们认识到自己的错误，但是会让孩子产生对父母的怨恨，相反表扬和鼓励则会让孩子开心，因此父母可利用表扬和鼓励来帮助孩子远离逆反心理。

帮助孩子克服恐惧心理

王浩是小学六年级的学生，人长得很帅气，成绩也不错，个子比一般的孩子高，看上去已经像一个小男子汉了。可是，王浩的胆子却很小，他晚上从来不敢一个人在家，更怕走夜路，连晚上去厕所都让爸爸跟着自己。

王浩之所以如此胆小，是因为他在刚懂事的时候曾听父母与别人谈论过人死后灵魂会在黑夜出来害人的事，又加上后来与父母一起看了恐怖片，那些妖魔鬼怪的影子就在他的心里扎了根。从此，王浩害怕黑夜的来临，恐惧感一直伴随着王浩成长。

恐惧是对真正或可感知到的威胁作出的一种正常的生理反应，当危险解除后，恐惧就会消失。研究发现，十二岁以上的儿童，90%以上会有恐惧心态；40%的两岁至四岁儿童至少有一种害怕对象，而43%的六岁至十二岁儿童会有多达七种害怕对象。一个人在成长的不同阶段有不同的恐惧对象，这属于正常心理现象，不影响人的正常生活。可是像上例中的王浩那样，恐惧的情绪已经影响了其正常行为和健康成长，父母就应当帮助孩子克服恐惧心理，让孩子远离恐惧，战胜恐惧。

心理学家指出：恐惧是一种重要的生存反应，它增强了人类保护自己、逃避危险，同时急中生智、随机应变解决问题的能力，是孩子成长过程中不可或缺的一种情感体验，但恐惧也有消极的一面。孩子尚处于发育期，心理情感正在破土、萌芽，过频、过多、过强的恐惧情绪会影响孩子健康心理的形成，以致日后软弱、缺乏自信或依赖大人，或者发展成为恐惧症，导致心理障碍。

因此，父母要帮助孩子克服恐惧心理，战胜恐惧，要避免出现上例中王浩的现象。

那么，父母应当怎样做呢？

1. 为孩子树立良好的榜样

年龄小的孩子往往不知道害怕，他对某些事物的恐惧往往是受父母师长影响的。众所周知，孩子依恋父母师长，在他们的眼里，父母师长是安全的港湾，一旦发现父母师长对某些事物流露出恐惧的神情，他就会感到自身的安全受到威胁，进而产生恐惧。如，在日常生活中，有些父母师长怕老鼠、蟑螂、狗等，这种恐惧心理与行为会在有意无意之中传染给孩子。所以父母师长要帮助孩子消除恐惧心理，首先必须克服自身不该有的恐惧心理。在孩子面前，对待恐惧的事物要显示出坦然自如，沉着勇敢的样子，这样才会给孩子增添克服恐惧的信心和勇气。

2. 不要随便吓唬孩子

如果孩子不听话，父母不能心急，也不能打骂指责，更不能用鬼怪来吓唬孩子。要耐心引导，正面教育。

天天9岁了，上小学三年级，上课经常“走神”。老师上课时，如果叫到她的名字，她常会一惊。她的父母对她的管教方法很简单，只要她不听话，就吓唬她说“不听话，大灰狼就会来咬你的鼻子。”在父母的吓唬下，她的胆子特别小，晚上不敢一个人睡觉，白天还怕看到带毛的动物。

对胆小的孩子不能用强制训斥的方法，父母千万不要把一个怕水的孩子强行推下水去，这样做，大多效果不好。如果发现孩子虽然很怕水，可还是站在离水很近的地方，那么，父母就应当耐心等待，给孩子时间，最后，他一定会下决心，自己走进水里去的。

3. 不要给孩子讲鬼怪故事

父母不要谈论一些有关“鬼”、“怪”的内容，如果实在要说，也要尽量避免让孩子听到。如果不慎让孩子听见了，父母要及时地给孩子作出合理解释，以免使孩子在大脑中放大听到的恐怖内容，影响孩子的生活。

4. 不让孩子看恐怖电影、电视和书籍

孩子之所以有假想的恐惧心理，大多都是因为看过电影、电视中的恐怖镜头，或者看到书中有关妖魔鬼怪的恐怖描述，这给孩子的心理造成了影响。只要在黑暗时或独自一人时，恐惧的心理就会来临。因此，父母要尽量避免让孩子看影响孩子身心健康发展的恐怖书籍或电影、电视等。

5. 通过游戏活动矫治孩子的惧怕心理

根据孩子对恐惧对象的情况，设计一些游戏，可以使孩子在轻松的气氛中认识恐惧的对象。如，当孩子对黑暗恐惧时，可以与孩子一起玩这样一个游戏：将房间的灯全关上，在黑暗的环境下进行抢球比赛，看谁抢得多。在黑暗中多次游戏后，孩子也就不怕黑了。

6. 帮助孩子消除对恐惧事物的不正确认识和神秘感

孩子的恐惧有时往往是由于缺乏知识，或经验不足，或者由于错误的认识引起的。如孩子害怕雷电是因为不知道雷电是怎么回事。此时父母师长可向孩子解释一些简单的科学道理，还可以和他一起计算从看到闪电到听到雷声的时间差，这样不但可以减轻孩子对打雷的恐惧，而且还可以培养孩子对打雷这一自然现象的兴趣。又如，有一个5岁半的女孩在母亲住院一个月后突然产生入园恐惧反应，并伴随低烧，性格也变得胆小、依赖和喜欢缠人。经过反复分析后发现，这个小女孩一直担心一旦她上幼儿园，母亲就会生病住院，晚上就没有人抱她睡觉。后来，父母在爱的施与方面做了努力的补偿，

孩子心中的顾虑逐渐打消，其相应的恐惧心理也消失了。对于由于某种体验而产生的恐惧感，如怕打针、怕吃药等，父母师长可向孩子讲清楚有关吃药打针是为了治病的道理，并培养孩子战胜恐惧的自豪感。

7. 父母应适时“冷漠”

如今的孩子都是家中的“宝贝”，父母的过度关心和呵护成了培养孩子勇敢品质的一大障碍。这些无谓的关心会让孩子认为“原来这件事这么严重，我肯定会很难过”，或是觉得“原来这件事这么困难，我肯定做不到”。

这种错觉让孩子失去对问题和自我能力的正确把握，即使面对一些自己能够克服的困难，也会因没有自信而丧失勇敢面对的勇气。

阳阳和小朋友做游戏时不小心摔倒了，他没有哭，准备自己站起来。不远处的阳阳妈妈却满脸惊慌地跑过来，一把将孩子抱在怀里，喊道：“宝贝啊，摔疼了没有啊？”阳阳听了，突然大哭起来。

生活中，父母应适时“冷漠”，给孩子独立面对困难的机会，让他认识到自己的能力可以应付所遇到的情况，从而克服对父母的依赖心理，锻炼他们的独立能力、树立自信心。

比如孩子不小心摔倒了，如果情况并不严重，父母就应鼓励孩子自己站起来。等孩子站起来后，再通过及时的夸奖来强化这种行为。这样，当孩子下次再摔倒时，自己就会勇敢地站起来。

8. 鼓励孩子去“冒险”

勇敢与冒险是紧密相连的，适度的冒险是培养孩子勇敢品质的重要方法。有些父母因为怕出危险，往往忽视了对孩子冒险精神的培养，这不利于孩子的成长。

8岁的小雪和爸爸打羽毛球时，不小心把球打到了房顶上，小雪对爸爸说：“帮我搬梯子行吗？我要爬上去捡球。”爸爸说：“我可以帮你，不过你要答应我一个条件。”“什么条件？”“爬房顶是很危险的，你一定要抓牢梯子，到了房顶不要乱动；另外，为了你的安全，爸爸要和你一起上去。”

小雪答应了，在爸爸的帮助和保护下，小雪顺利地拿到了球，小脸上洋溢着满足和喜悦。

在有安全保障的前提下，父母应该鼓励孩子玩一些有冒险性的游戏，如荡秋千、滑板、游泳、骑自行车等。如果条件允许，还可以尝试坐过山车、登山、跳水等。

面对孩子的冒险活动，父母要从容对待，并不失时机地给予肯定和赞赏。当然，父母一定要事先跟孩子讲明活动的危险性和需要注意的事项，让孩子作好充分的心理准备；必要时，和孩子一起活动，一起冒险，给他具体的指导和必要的保护。

帮助孩子克服浮躁心理

一句谚语说得好：非淡泊无以明志，非宁静无以致远。浮躁心理的存在必然对孩子的生活和学习产生一系列不良影响。

“浮躁”指轻浮，做事无恒心，见异思迁，不安分守己，总想投机取巧，成天无所事事，脾气大。浮躁是一种病态的心理表现，其特点有心神不宁，面对急剧变化的社会，不知所为，心中无底，恐慌，对前途毫无信心，焦躁不安，在情绪上表现出一种急躁心态，盲目冒险，情绪取代理智，使得行动具有盲目性。浮躁是成功、幸福和快乐最大的敌人。在短暂的生命之旅中，浮躁是人生最大的敌人。

骄傲自满是浮躁的一个重要表现形式。骄傲自满是要不得的，它会导致盲目自信，甚至不思进取。凡是骄傲自满的人没有不失败的，所以，我们要谦虚谨慎、戒骄戒躁。

三伏天，禅院的草地枯黄了一大片。“快撒些草籽儿吧，好难看啊！”徒弟说。“等天凉了，”师傅挥挥手，“随时。”

中秋，师傅买了一大包草籽儿，叫徒弟去播种。秋风突起，草籽儿飘舞，“不好，许多草籽儿被吹飞了。”小和尚喊。“没关系，吹去者多半中空，落下来也不会发芽，”师傅说，“随性。”

撒完草籽儿，几只小鸟即来啄食，小和尚又急。“没关系，草籽儿本来就多准备了，吃不完，”师傅继续翻着经书，“随遇。”

半夜一场大雨，弟子冲进禅房：“这下完了，草籽儿被冲走了。”“冲到哪儿，就在哪儿发芽，”师傅正在打坐，眼皮抬都没抬，“随缘。”

半个多月过去了，光秃秃的禅院长出青苗，一些未播种的角落也泛出绿意，弟子高兴得直拍手。师傅站在禅房前，点点头：“随喜。”

在这个故事中，徒弟的心态是浮躁的，常常为事物的表象所左右，而师傅的平常心看似随意，其实却是洞察了世间玄机后的豁达。浮躁是人生最大的敌人，无论你要获取幸福快乐，还是要获取成功，你都必须要拭去心灵深处的浮躁。

面对节奏飞快、竞争激烈的社会，浮躁心理已经开始蔓延，人们越来越急功近利，就连我们的孩子也不例外。

孩子生活在一个五彩缤纷的世界里，各种新奇的东西多如牛毛，很容易被吸引而分散了注意力，对于学习当然也就不能专心致志、全神贯注，因而出现了“坐着这头望那头”的心浮气躁现象。比如，有的孩子看到歌星挣大钱，就想当歌星；看到企业家、经理神气，又想当企业家、经理……但却不能为了实现自己的理想而努力学习。还有的孩子兴趣爱好转换太快，做什么事都没有常性，今天学绘画，明天学电脑，“三天打鱼，两天晒网”，忽冷忽热，最终一事无成。

与心浮气躁相对的是踏实，而培养孩子将踏实作为一种本能的习惯，能让孩子摒弃浮躁、一步一个脚印、认认真真地做好自己的事情。这样的习惯，是对成功的一种有效累积。

那么，父母应当如何帮助孩子克服浮躁心理，养成做事情踏实的好习惯呢？

1. 用榜样鼓励孩子不要浮躁

父母在平时要有意识地用榜样鼓励孩子不要浮躁，用革命前辈、科学家、发明家、文艺作品中的优秀人物以及周围的一些同学的优良品质来对照检查自己，督促自己改掉浮躁的毛病，教育培养其勤奋不息、坚忍不拔的优良品质。李嘉诚以稳健前进的工作作风、不浮躁的工作态度从一贫如洗的小人物摇身一变成为世界“塑胶大王”。成功之路，艰辛漫长而又曲折，只有那些稳步前进的人才能坚持到终点，赢得成功；如果一开始就浮躁，那么，你面对的将是失败，成功的喜悦将与你失之交臂。而对于渴望成功的人，应该记住：你可以着急，切不可浮躁。

2. 教育孩子树立远大理想

俄国伟大作家托尔斯泰说过：“理想是指路的明灯。没有理想，就没有坚定的方向；没有方向，就没有生活。”父母只有帮助孩子树立远大的理想，才能使孩子明确生活的目标，具有对生活和学习的高度责任感。这对防止孩子浮躁心理的滋生和蔓延是十分有利的。

父母在帮助孩子树立远大理想时，要注意两点：一是立志要扬长避短。有的孩子立志经常不考虑自身条件是否可行，而是凭心血来潮，或看到社会上什么挣大钱，就想做什么工作。这种立志者多数是要受挫的。父母应该告诫孩子，根据自己的特点来确立目标（最好和孩子一起分析孩子的特点），才会有成功的希望，千万不要赶时髦。二是立志要专一。俗话说：“无志者常立志，有志者立长志。”父母要告诉孩子立志不在于多，而在于“恒”的道理。要防止孩子“常立志而事未成”的不好结果的产生。正如赫伯特所说：“人不论志气大小，只要尽力而为，矢志不渝，就一定能如愿以偿。”

3. 让孩子静下心来做事

毛泽东说：“世界上怕就怕‘认真’二字。”说的就是如果我们能安下心来认真做一件事情，就没有做不好的。我们做事情很多时候都是半途而废，是什么原因让我们放弃的呢？是急于求成，是不愿面对困难的浮躁心理。我们总是在想着事情的最后成果，急于看到我们所做的工作的成果，而这些却不是一天两天能看得出来的，所以我们就觉得这些工作是没有意义的，于是选择了放弃。

如果我们能够坚持，真正地静下心来，认真地去学习、工作，我们就会得到很多。

4. 培养孩子的耐性

耐性不足的孩子，情商和逆境商相对较低：他们比较散漫、自控力弱、做事有始无终；适应性差、喜欢依赖，不容易融入新环境；在挫折面前，往往表现出急躁甚至出现暴力的苗头。所以，克服孩子的急躁心理，可以从培养孩子的耐性开始。

专注力是忍耐力的基础，如果孩子的专注力好，自然容易有耐性。家长可以多与孩子进行一些有助于提高孩子专注力的游戏。

5. 放手让孩子自己做事情

经过父母的教育和引导以后，父母还应该放手让孩子去完成自己的事情。孩子没有做好，就只能自己去承担没有做好事情的不良后果，让孩子从中吸取经验教训。

如果一个人浮躁，他终究会在浮躁中失去自我，做任何事都来不得半点浮躁。浮躁会让人狂喜、傲慢、迷茫、不安……所以，家长要让孩子远离浮躁心理。

给孩子的第一本独立自主书

PART 5

温室树苗难自立，给孩子上好挫折这堂课

一个经“挫折”打磨过的孩子，才能拥有坚如磐石的意志，变成闪闪发光的钻石。

挫折是人生的必修课

生物学家曾经做过这样一个实验：在一个大玻璃罩里装满小鱼，将其放入海洋馆。很多体形硕大的肉食性海洋动物发现了它，便如闪电般冲了过去，却撞在了透明的玻璃上。

吃过几次亏之后，这些大鱼开始变得“聪明”起来，它们不再去攻击那些根本吃不到的猎物。这时，玻璃罩打开了，小鱼重获自由，成群结队地游来游去。然而，那些大鱼任由小鱼与自己擦肩而过，却无动于衷。

对于这些大鱼的行为，我们有理由认为是愚蠢的。它们为什么不思考一下吃不到鱼的原因？为什么没有“再碰一次鼻子”的勇气，去获得后来已经是唾手可得的食物？然而，现实中很多人也和这些大鱼一样，在经历了一些挫折后，自以为富有经验和教训，于是也因此而放弃了自己人生中本可以得到的“小鱼”。

相信没有人愿意遭受挫折，谁都希望成功的喜悦永远伴随着自己。可是，这只是一个美好的愿望，在期许和幸福之间，还要经过一条满是荆棘的挫折之路。有的人望见这片荆棘，摇摇头，止步不前；有的人鼓起勇气走上两步，却因伤痛而退缩；有的人虽然伤痕累累，但越挫越勇，他们总结失败的原因，找到突破困难的方法和道路，披荆斩棘，最终达到了自己的目标。

这最后一种人就是人们常说的“成功人士”。回望无数成功人士的经历，我们都会发现，失败和挫折几乎是他们人生的必修课。

人的一生注定有高潮，也有低谷，不会永远一帆风顺，也不会一直背时背运。所有的困难都会有一个尽头，都会成为过去。一个人只有努力地向上攀登，才能更快地到达顶峰，才能快速地突破逆境。

海伦·凯勒是美国著名聋哑作家，她在两岁时就被病魔残酷地夺走了视觉、听觉和说话的能力。对于一个两岁的孩子来说，看不见、听不见、不能说话，真可以说是生活在三重苦难的地狱，但是，生活并没有抛弃小海伦。

正当她的父母为她将来的生活忧愁时，一位家庭女教师——沙利文小姐来到她家，教会了小海伦怎样与人打交道，怎样表达自己。小海伦在沙利文老师的帮助下刻苦学习，最后考上了哈佛大学，用自己不健全的身体为她的人生画上了一个大大的惊叹号。她还在沙利文老师的无私帮助下，到世界各地旅行，并献身于帮助聋哑人的教育事业。

不能不说，海伦·凯勒面对的是人生的重大挫折，但是她有勇气去面对挫折和苦难，有办法去克服，最终战胜了它。其实，很多成功的人都是在经历了一番挫折后才成长起来的，也就是说，他们会让自己在挫折中成长。

正所谓“玉不琢不成器”，人不磨砺难成才。失败和挫折，是孩子生活中必须经历的内容。孩子的耐挫能力正是在与困难、挫折打交道的过程中逐渐形成的。可是很多父母心疼孩子，主动帮孩子铺平道路，结果却剥夺了他们成长的机会。

事实上，对于孩子的成长来说，最大的障碍也许并不是外物，而是自己的意志力。当父母为孩子一路清扫着外界“障碍物”的时候，却同时为他设置了最大的障碍物——脆弱。父母可以呵护孩子十几年，却不可能保护他一辈子，也无力阻止他人生中必然会遭遇的挫折和失意。

因此，父母与其给孩子提供优厚的物质条件，送其高档文具、游戏机，不如送给他一份独特的礼物，那就是挫折。挫折和失败是人生的必修课，只有培养孩子的抗挫折能力，孩子才能经得起生活中的风风雨雨。

让孩子学会直面人生的挫折

每个人一生中都会遇到来自各方面的挫折。强者勇敢直面人生的挫折，把挫折当成垫脚石，使自己站得更高，看得更远；而弱者遇到挫折就退缩不前，一蹶不振。

小刚今年六岁，上小学一年级，手有点毛病。一天，小刚的妈妈去接孩子，发现小刚正在学校大门边哭泣，她心疼地走上前，问孩子发生了什么事。小刚一看见妈妈，就扑在妈妈的怀里，哭得更伤心了。他告诉妈妈同桌的女同学嘲笑他手有毛病，让他觉得抬不起头，他不想再上学了。

小刚天生长六个指头，两个小指头通过动手术切掉了一个，但与正常人的指头看起来还是不一样，家里的人一直避免对小刚提有关他手指头的事情。

小刚的妈妈没有想到，孩子刚上学，他的小同桌就嘲笑他的手，让孩子内心难以接受。她意识到，以前避免在孩子面前讲这个事情，使孩子不敢面对现实，这是不利于孩子健康成长的。

每个孩子最终都会离开家庭，走向社会，不可避免地会遇到来自各方面的挫折，包括社会挫折、人际关系挫折，等等。这些挫折又涵盖了很多小的方面，如生理上的缺陷、心理上的挫折等。像上例中的小刚，因为手有缺陷导致心理挫折，妈妈应该引导他正确勇敢地面对，由此培养孩子坚强的意志。

挫折是客观存在的，它会伴随人的一生。而挫折对人的影响，是因人而异的。强者面对挫折时选择坚强，选择奋斗，选择从挫折中吸取经验，从失败中得到教训，获得了挫折对自己有利的一面，从而使自己将来走得更好；而弱者面对挫折，只想逃避、绕行，甚至颓废，结果吸收了挫折带来的所有弊端，只能导致人生的失败。

父母只有教孩子从小直面人生的挫折，让孩子勇敢地面对挫折，学会坚强，使孩子学会自我调整，排除挫折带给自己的不利因素，教孩子学会从挫折中吸取经验，更好地去提升自己，这样挫折才会成为孩子成功的阶梯。

身为父母不能像上例中小刚的妈妈那样，怕孩子难堪就不教孩子勇敢地面对自己的缺陷，使孩子活在一种虚拟的环境中。父母不可能呵护孩子一辈子，孩子最终要面对现实。父母只有让孩子坦然面对现实，接受事实，才能具备健康的心态，积累更多的心理财富，让以后的人生路走得更远、更踏实。

一帆风顺的生活是不存在的，没有挫折的人生不精彩。接受挑战，勇敢面对各种挫折，是每位父母应该让孩子具备的正确心态。作为父母可以从以下几个方面培养孩子：

1. 放手让孩子去经历挫折

父母应有意识地让孩子从小就去经历一些挫折，让孩子有机会独自面对磨难，体验战胜困难的过程，这样才能提高孩子的耐挫力，增强孩子的应对能力，让孩子变得坚强能干。

2. 帮孩子树立正确的挫折观

父母要帮孩子树立正确的挫折观，让孩子知道挫折是人生的亲密伙伴，没有人能够躲避，只有经历挫折，才能变得更加强壮。告诉孩子在挫折面前要保持豁达开阔的心胸，失败后应该汲取教训，从头再来；而不是悲观失望，一蹶不振，让失败淹没了自己。

3. 提高孩子对挫折的预见力

一个人对挫折有无预见能力，直接影响到其抗挫折的能力。不能预见的挫折往往会给人以更大的打击，人的焦虑情绪受到影响的时间也会更长。因此，要培养孩子预见挫折的能力，要让孩子知道，任何事情最好都要做两手准备，这可以减轻失败后给孩子带来的压力。

4. 帮助孩子在挫折源头上解决问题

人一生受到的挫折中，有很大一部分是自己制造的，通过自己的努力是可以消除的。父母要帮孩子找到这类挫折产生的原因，与孩子一起消除挫折源。如果是不可避免的挫折，就要让孩子学会坚强，勇敢地面对和承担。

请允许你的孩子失败

一天，学校组织一场学生才艺表演比赛。有一个小女孩，看得出表演很用心，但还是不幸被淘汰出局了。小女孩在台上哭得很伤心，尽管主持人想尽了一切鼓励的话语来安慰她，小女孩还是不停地哽咽着，然后非常不情愿地转身下台了。

在后台那个小女孩的母亲情绪很激动，一把抓住小女孩瘦弱的肩，大声地斥责，责怪女儿表演不成功，没有发挥出水平；而且当着那么多人痛哭流泪，太丢人了。小女孩耷拉着脑袋，眼里闪着泪花。

做父母的，往往都是望子成龙、望女成凤，处处对孩子严要求，事事要孩子成功，不许失败。这种心情可以理解。但是，孩子毕竟只是孩子，他没有生活的阅历和经验，还处在最初的摸索阶段，不可能做什么事都一帆风顺。试问，哪个做父母的不是在磕磕绊绊中走过来的。可以说，失败是每个孩子必须面临的人生课题。

当孩子失败的时候，自己会感到沮丧、自责和后悔，如果家长再一味地批评，不仅会伤害孩子的心，而且有可能引起孩子的逆反心理，产生反抗的情绪，甚至会自暴自弃。

父母不允许孩子失败，是因为我们只看到了失败带来的痛苦一面，却忽略了失败的价值和意义。当我们因为孩子没有达到要求而生气指责的时候，别忘了孩子还在成长，他有权失败。尊重孩子失败的权利，就是对孩子终将成功的信任，而这种信任，将是孩子战胜失败的勇气和动力。

当孩子为“失败”而难过时，父母不应以怜悯的态度对待孩子，或者在孩子面前唉声叹气，更甚至劈头盖脸地责骂孩子，正确的方法是要让孩子明白，失败、错误没什么大不了的，人人都可能碰到，勇敢、聪明的人会从失败中汲取教训，继续努力。

小辉高考落榜了，他一个星期没出门见人，也不想再继续读书了。他提出要出门打工，父母经过商量，对他的决定表示理解，告诉孩子应该振作起来，并且鼓励他：“失败在人生中谁都会有的，高考失败，并不代表你别的方面不行。”于是，他应聘到一家大型合资饭店做了服务员。

也许因为换了一个环境，小辉的兴趣和情绪都很高，感觉每天都有许多要学的东西。不管是参加职工业务培训班，还是业余时间去上英语课，他都很投入，收获也很大，因为这些知识都是工作中用得着的。由于他的勤奋好学，工作中不断受到提拔，还有幸获得了一个被送到国外的饭店培训半年的机会，回来后利用业余时间又参加了大学饭店管理专业的函授学习。5年之后，他当上了这个合资星级饭店的部门经理，比一些大学毕业的员工更具有竞争力。再次说起高考的失败时，他感慨地说：“我要感谢父母的理解，让我没有掉进失败的陷阱。失败使我在审视总结自己中清醒，给了我一次面对挑战的机会。”

像上面这个小故事一样，现在有些孩子在考大学时，由于某些原因临场发挥得不够好，最后没有考上理想的大学。这时父母就焦躁不安，于是对孩子埋怨、责骂。这种做法是极端错误的，不利于孩子的发展。父母当然不希望子女落榜，但同时父母却又必须允许和容忍孩子的失败。孩子一旦失败了，父母就绝不要再埋怨和斥责，而是要帮助他总结经验，共同找出没考好的原因以及解决的办法。

冰心曾说过这样一句话："成功的花儿别人只惊艳它现实的明艳，然而，芽儿浸透了奋斗的泪泉，洒遍了牺牲的血雨。"孩子或许不明白这样的道理，而遭遇挫折后的孩子让人心生怜意，但是，家长先别忙着心疼，一定要鼓励孩子"再试一次"，再试一次可能就会有曙光出现。

最后，需要提醒父母的是，失败是孩子的权利，父母应该允许孩子失败。很多西方国家的父母都非常尊重孩子的这种权利。当孩子摔倒了、打架了、光着脚跑出去了，大人都不去管。让孩子们自己去体验，他们才知道什么事应该怎么样处理，什么事不应该做。孩子是在从失败中学到各种各样的东西的。失败能使孩子勇敢地面对挫折，这些比任何知识和父母教会的本领更有实用性，作用也会更大，孩子也会受用一生。

告诉孩子风雨之后是彩虹

有这样一个小故事：

有一天，一个小男孩在花园里玩，突然，他发现了一个蛹。小男孩非常兴奋，他把蛹带回了家。

过了几天，小男孩发现蛹上出现了一些细小的裂缝，里面似乎有一个东西在动。

又过了几天，裂缝变得更大了。小男孩仔细地观察这个蛹，发现里面竟然有一只蝴蝶！这个小蝴蝶在里面不断地挣扎！

整整好几个小时，小蝴蝶一直在努力挣扎。但是，它的身体似乎被什么东西卡住了，看上去非常痛苦。

小男孩有点儿着急了，他不忍心蝴蝶被卡在里面。于是，他拿来一把剪刀，轻轻地把蛹壳剪开，蝴蝶脱蛹而出了。看着躯体臃肿的蝴蝶，小男孩轻轻地松了口气。

可是，蝴蝶却躺在地上无法动。后来妈妈告诉他，蝴蝶的翅膀需要经过不断挣扎才会强健。尽管小男孩的帮助让蝴蝶提前破茧而出，但是，由于蝴蝶的翅膀还没有成熟，不久蝴蝶就死了。

生物学家说，蛹在破茧而出前，翅膀萎缩，十分柔软；在破茧而出时，必须要经过一番痛苦的挣扎，身体中的体液才能流到翅膀上去，翅膀才能有力，才能支持它在空中飞翔。同样道理，一个人的成长必须经历各种磨难和挫折，他才能足够强壮。如果缺少必要的磨难和挫折，他就无法坚强地面对生活，势必会走向毁灭。

正如一首歌所唱得那样："不经历风雨怎能见彩虹，没有人能随随便便成功……"

是的，孩子的成长过程就像一棵树一样，总会有风雨相伴，还会有枝枝丫丫的烦恼。如果孩子很懦弱，不敢面对逆境，他就会畏缩着不再生长；而如果他勇敢、坚强，热爱生活，那他就不会畏惧风雨的袭击，依旧会挺立在风雨之中、阳光之下，待到雨过天晴时，等待着他的将是更美好的未来。

于超是上海闵行区诸翟小学的一名小学生，他虽是一个不幸的孩子，但却表现出了非凡的自强自足的精神。

因为车祸，于超的父亲下肢瘫痪，只能靠单位工伤抚恤金过日子。为了能够增加收入，于超的母亲就去做一份扛液化气钢瓶的工作。每天，她都要扛着30多公斤的液化气钢瓶走上十几趟。

于超6岁的时候，得了哮喘病，在服药治疗的过程中，他的肠胃受到了刺激，几乎所有的肠胃病他都得上了。最严重的是肠系膜淋巴结肿大，这病既不能多吃药，也不能通过手术来治愈。犯病时于超就会痛得打滚，如果正在上课，于超就会用铅笔盒顶住肚子，只要疼痛不超过10分钟，他就能坚持住。

生活的风雨并没有击垮于超，他反而变得更加坚强，学习成绩一直名列前茅，还常常获得年级第一名。

可见，只有经历一番风雨，才能见到彩虹。作为父母，一定要告诉孩子其中的意义。无论孩子遇到什么困难挫折，父母都应当保持积极的态度，要告诉孩子“困难并不可怕，挺过去就行了”“只要坚持一下，前面的道路就会更宽广”！这样去鼓励孩子战胜人生中的一个个挫折，孩子才能会有更加美好的未来。

培养孩子良好的心理承受力

每个人一生都会碰到很多困难，遭遇无数挫折。具有良好心理承受力的人就会以乐观的态度克服这些障碍，最终获得成功；而心理承受力差的人则会悲观地逃避磨难，从而注定一事无成。

李强今年6岁，刚上小学一年级。有一天，李强因为一点小矛盾与别的同学打架了，老师批评了他。李强一气之下就从学校跑回家，告诉妈妈老师批评了自己，他不想去上学了。无论妈妈怎么劝说，李强就是不愿意再踏进学校一步。李强的妈妈此时才意识到，一直宠着孩子是错误的。

原来，李强之所以受不了老师的批评，是因为在家里他一直是个宝贝，妈妈没有责备过他，爷爷奶奶都顺着他，外公外婆总护着他。在家里从未遭受过挫折的李强，对老师的批评难以接受，他感到十分委屈，因此拒绝再去上学。

心理承受能力，是指一个人从挫折中恢复愉快心情的心理素质。心理承受能力对一个人的生活和工作是非常重要的。一个人只要参与社会生活，就会遇到各种压力、困难和挫折。心理承受力强的人，在面对这些人生障碍，会以乐观的态度去战胜，跨过坎坷，走向成功；而心理承受力差的人则会像上例中的李强一样，老师只是批评了几句心里就承受不了，开始学着逃避，这永远解决不了问题。

良好的心理承受力，并不是与生俱来的，它要经过后天的培养、磨炼、汲取教训等之后才能拥有。妈妈要想培养孩子良好的心理承受力，就要从孩子小时候开始，让孩子独立去做一些事情，去经历困难，遭遇打击，孩子的心理承受力才会慢慢地从这些挫折中得到培养、锻炼，遇到困难不悲观、不焦虑，也不懦弱、不逃避，而是学会减压，以乐观的态度面对，积极地想办法解决。

如果父母不让孩子出去经受磨难，总把孩子放在精心营造的舒适环境里，孩子最终将会一事无成。所以父母要学会放手，让孩子尽早脱离父母的羽翼，去体验真实的社会生活，锻炼孩子的心理承受能力，最终帮助孩子走向成功。

当然，每个人最初遇到坎坷时都需要别人的帮助，所以，当孩子开始遇到挫折的时候，像上例中李强的情况，父母就要及时给孩子提供帮助，要认真和孩子交谈，解开孩子心中的疙瘩，鼓励孩子坚强、自信地面对问题。父母还要启发和开导孩子多从有利于自己的那一面去想，不断增加孩子的信心，提高孩子抗挫折的能力，让孩子在面对困难时具备足够的心理承受能力。

考试不及格，竞赛不入围，升不了重点中学，和同学、老师关系不好等，这些都会给孩子带来心理压力，需要孩子具有良好的心理承受力才能从容面对。那么，父母应当怎样培养孩子良好的心理承受力呢？

1. 让孩子从学习自理中提高心理承受力

父母过多的包办代替，使孩子总是处在被指示的地位，没有自己作选择和决定的机会，当他们真正独自面对学习、生活、交往中的一些困难或压力时，往往不知所措，缺乏独立意识，缺乏战胜困难的信心和勇气。因此，父母应尽量让孩子自己决定和处理个人的事，这样才能锻炼孩子，为培养孩子良好的心理承受力打下基础。

2. 让孩子学会从困难中看到希望

告诉孩子任何事情都有利有弊，不要只盯着对自己不利的那一面，任压力把自己压趴下，任困难把自己踩在脚下，要想到有压力才有动力，只有经历困难才能够茁壮成长。要看到磨难看到有利于自己一面的人，乐观地面对，积极想办法解决，并最终走向成功。

3. 让孩子学会平衡心态

没有人十全十美，没有人不经历挫折。在孩子某一方面受到打击的时候，父母应及时排解孩子的心理压力，帮孩子分析问题，鼓励孩子勇敢面对困难，使孩子有一个平衡的心态，才能避免孩子产生自卑心理，从而提高孩子的自信心和心理承受能力。

4. 有目的地对孩子进行“心理操练”

心理和生理一样，必须通过一定的锻炼才能促进其健康发展。为培养孩子的心理承受能力，妈妈可以有目的、有计划地开展一些“心理操练”：在孩子取得成绩的时候出点难题；在孩子失败、失意的时候给予鼓励，教育孩子“得之不喜，失之不忧”，始终以平和的心态参与竞争，这样才能够让孩子经得起未来人生道路上的风风雨雨。

让孩子变得越来越坚强

爱迪生曾经说过：“伟大人物最明显的标志，就是他坚强的意志。不管环境恶劣到什么地步，他的初衷与希望都不会有丝毫的改变，而后克服困难，达到预期的目的。”

坚强不仅仅是摔倒了不哭，而是摔倒了还能勇敢地站起来，并以更加积极、乐观的态度去走下面的路。

美国心理学家曾经对800名男性进行了30年的跟踪调查研究，结论是：在成就最大和最小的人之间，最明显的差异不是智力水平，而在于是否有进取心、自信心、耐力和不屈不挠的意志。

孩子往往意志薄弱，耐力差，做事不能长久，“知之”而不能“行之”，更不能“持之”。不少孩子上课注意力不能持久集中、成绩忽高忽低、屡犯小错等，都是意志薄弱的表现。孩子在成长的道路上都会遇到许多挫折，在面对困难和挫折的时候，意志薄弱的孩子往往没有坚强的意志去克服它，而坚强勇敢的孩子面对困难时不会退缩，反而奋发图强，持之以恒，凭借自己坚强的意志，战胜困难和挫折，越过障碍和绊脚石，从而取得成功。

可是现在的大部分孩子都缺乏坚强的意志，因为他们生活在父母的溺爱下，缺乏独立解决问题的能力、坚持不懈的毅力及承受挫折的耐力。这样的孩子在以后的生活中会遇到各种各样的麻烦，所以父母应该从小培养孩子坚强的意志，敢于向一切挫折、困难挑战的精神。这样的孩子，才能真正成为时代的佼佼者。那么父母应该怎样做呢？

1. 学会放手，让孩子独自面对困难

一天，妈妈带菲菲去医院拔牙，菲菲有点儿害怕。妈妈就安慰她说："别怕，妈妈会守在你的身边。"谁知进了诊疗室，菲菲却抓住妈妈的手不肯放，哭哭啼啼的就是不肯跟医生合作。这时，一位老医生走过来对妈妈说："请你出去，离开你的孩子!"

妈妈忐忑不安地在外面等待着。不一会儿，孩子平静地走了出来。妈妈急切地问："疼吗?你哭了吗?"菲菲说："有点儿疼，可我一声也没哭!"

后来，老医生解答了妈妈的疑问："你知道当时我为什么要你出去吗?你守在孩子的身边，孩子感受到依靠，就会撒娇、任性。我让你离开你的孩子，是要促使孩子自己去直面痛苦和磨难。孩子没有了依靠。自然会丢掉幻想，用自己的意志和毅力去战胜怯懦和疼痛。"

其实，孩子并不像我们所想象的那样怯懦和脆弱。当孩子遭遇困难时，首先无法忍受的往往是我们。如果我们感情用事，焦急地对着孩子问这问那，不仅无助于孩子克服困难、战胜痛苦，相反，只能增加孩子的恐慌和软弱。

例如，当孩子与小伙伴们玩耍时，不小心跌倒了，他们会迅速地爬起来，拍拍身上的灰尘，继续和小伙伴们快乐地玩耍。但是，这时，如果妈妈担心孩子会摔痛，而焦急地跑过去，抚摸着孩子问长问短，孩子则往往会因为害怕疼痛，或者为了博得妈妈更多的关注而大哭一场。

2. 不要把孩子当成弱者

在公共汽车上，有人给一个5岁的小女孩让座。孩子的妈妈却对让座的人说："让她站着吧，她已经到了该自己站着的年龄了！"

著名科学家居里夫人很注意培养孩子的坚强性格。在第一次世界大战期间，居里夫人把大女儿带到战场前线救护伤员，让她在艰苦的环境中锻炼自己。1918年，居里夫人又要两个女儿留在正遭到德军炮击的巴黎，并告诉孩子，在轰炸的时候不要躲到地窖里去发抖。这种把孩子当成强者的态度使居里夫人的孩子们成为了坚强的人。

因此，现在的父母应当改变自己的教育观点，不要把自己的孩子当成弱者。很多父母认为孩子很娇气，其实什么样的教育方式就培养出什么样的孩子。如果父母总是担心孩子受到伤害，而把所有危险与孩子隔离开，就等于剥夺了孩子锻炼自己的机会。只有让孩子自己去站立，他的双腿才会坚强，他的意志才会坚强。

3. 给孩子一些劣性刺激

劣性刺激是指一些令人不舒服或不愉快的外界刺激，这些刺激对孩子来说是必需和有益的。这些刺激主要有：

（1）困难

美国一些儿童专家指出，有条件的父母应该为孩子有意识地设置一些困难，常给孩子制造一些经过努力可以克服的困难。当然，在这当中，父母需要教给孩子克服困难的勇气，也要教给孩子克服困难的办法。

（2）饥饿

饥饿是一种挑战生理极限的刺激。如今生活条件好了，很多孩子吃饭挑食或抱怨这、抱怨那，这时候，父母可以适当让孩子尝一下饥饿的滋味，让孩子在饥饿的刺激下学会控制自己的偏好。

（3）吃苦

大部分孩子在面对吃苦的时候总是显示出娇弱的一面，父母不妨有意识地锻炼孩子，比如多让孩子参加一些野营活动，让孩子在艰苦的条件下锻炼自己，这样比较有利于培养孩子坚强的性格。

（4）批评

许多孩子的心理非常脆弱，根本无法接受别人的指责和反面评价。美国阿拉斯加州的埃丽希·弗说：“没有规矩不成方圆。因此，必须明确规定一些孩子不应做的事情，比如，打人、骂人、偷东西等，这些都是绝对不允许做的。如果孩子做了，就要接受批评、惩罚，有时还要严厉一些。这样对孩子的身心健康成长是有益的。”

4. 惩罚

对于孩子犯的较大的错误，父母应该给予适度的惩罚，这种惩罚可以是物质上的，也可以是精神上的。比如，把孩子关在一个比较安全的地方、不允许孩子买他想买的玩具等。

5. 忽视

父母总是一味以孩子为中心，无论是在哪种环境下，孩子们似乎永远是主角。那么，如果环境发生变化，孩子不能再当主角了，不被重视了，他的心理就会失去平衡，他就可能承受不了这种角色的转变。因此，父母在生活中不要把孩子作为唯一的重心，有时候可以适当忽视孩子，让孩子调整自己的心态，从而帮助孩子在与人交往中保持良好的心态。

培养孩子用乐观的心态笑迎挫折

世间有好多事情是我们所不能左右的，以积极、乐观的心态面对才是至关重要的。乐观的人总是能看到事情比较有利的一面，期待最有利的结果。儿童心理学家马丁·塞利格曼认为，乐观不但是迷人的性格特征，还有更神奇的功能，它能使人对生活中的许多困难产生心理免疫力。

乐观的孩子不易患忧郁症，也更容易成功，身体也比悲观的孩子更健康。

美国有一对兄弟，一个非常乐观，一个却出奇的悲观。他们的父母希望兄弟俩的性格都能改变一些。

有一天，他们把那个乐观的孩子锁进了一间堆满马粪的屋子里，把悲观的孩子锁进了一间放满漂亮玩具的屋子里。

过了一个小时，他们的父母走进悲观孩子的屋子时，发现他坐在一个角落里，一把鼻涕一把眼泪地在哭泣。原来，他不小心弄坏了玩具，怕父母会责骂自己。

当父母走进乐观孩子的屋子时，却发现孩子正在兴奋地用一把小铲子挖着马粪，把散乱的马粪铲得干干净净。看到父母来了，乐观的孩子高兴地叫道：“爸爸，这里有这么多马粪，附近肯定会有一匹漂亮的小马，我要给它清理出一块干净的地方来!”

这个乐观的孩子就是后来的美国总统里根。因为他乐观、努力、心中有爱，他天天快乐地生活，努力地工作，他一步一个脚印，从报童到好莱坞明星，再到州长，直到最后当上了美国总统，他的乐观的性格起了相当大的作用。

美国心理学家塞利格曼认为，乐观与悲观的最大区别就是对有利和不利事件的认识。乐观主义者认为，有利的、令人愉快的事情总是永久的、普遍的，他们能够促使好事发生，而一旦不利事件发生，他们也能视为是暂时的。悲观主义者则认为，好事总是暂时的，坏事才是永远的。在解释坏事发生的原因时，他们不是责怪自己，就是怪罪别人。

乐观是成功的催化剂。乐观的孩子总认为自己是幸运的，即使遭遇挫折，他们还是坚信自己有能力改变现状，他们会拿出自己最好的状态与挫折作斗争，直到把挫折打败。因此，乐观的性格是孩子应对人生中的悲伤、不幸、失败、痛苦等不良事件的有力武器。

如果孩子无法乐观地面对人生，就会意志消沉，对前途丧失信心，而且长此以往，还会损害身心健康。遇到这种情况，父母不要着急，只要你正确地引导，孩子乐观的性格是可以培养的。那么父母应该怎样做呢？

1. 为孩子营造和谐、幸福的家庭氛围

和谐幸福的气氛，来源于家长的乐观自信、幽默豁达，来源于家长不仅自身而且能够切实地帮助孩子正确对待并战胜他所面临的困难，以自己的乐观精神感染孩子。这样，即使在以后的生活中碰到困难挫折，他们也能始终保持健康的心态，具备心理承受力，克服困难，实现既定的目标。因为他们最亲爱的父母已经让他相信世上的一切东西都是美好的。一个对自己的童年有着幸福与温暖回忆的孩子，心中会永远充溢着幸福。

2. 培养孩子正面的乐观感

孩子遇到挫折，家长不能拿放大镜来放大他的过错或评定他的能力问题，那样，孩子便会将问题归因于自己能力不行，渐渐地，便形成一种消

极、悲观的情绪，继而变得难以承受挫折。

当你的孩子考试失败或者成绩不理想的时候，家长可以安慰孩子：“一切只是暂时的，这次没考好咱们下次继续努力。”然后积极地帮助孩子找原因，寻求对策。作为家长，对孩子适当的正面肯定是必需的，尤其是在孩子遇到挫折的时候。这样能从小为孩子播下“积极乐观”的种子，使他面对挫折时仍抱有“希望”与“转机”。

3. 引导孩子摆脱困境

任何一个孩子都有可能遇到不顺心的事情，即使天性乐观的孩子也是如此。当孩子遇到困境时，父母要多留心孩子的情绪变化，如果孩子闷闷不乐，父母无论自己多忙，也要挤出一点儿时间和孩子交谈，教育孩子学会忍耐和坚强面对，鼓励孩子凡事多往好的方面想。

小强六岁了，上幼儿园大班。一天，妈妈从幼儿园接小强回来时，发现小强有点闷闷不乐。

妈妈问道：“小强，今天幼儿园有什么高兴的事呀?”

“没有高兴的事情，一点儿都不好玩。”小强不高兴地回答。

“为什么不高兴呀?出了什么事吗?”妈妈又问。

“今天幼儿园来了一个新同学，他很会说话，老给同学讲搞笑的事情，同学们都爱和他在一起，都不理我了!”

妈妈笑了，原来，小强今天在幼儿园受到冷落了。

“那不是很有意思吗?以后，你每天都可以跟这样一个会说笑话的人玩了，你不高兴吗?”妈妈引导小强。

“可是，同学们都不理我了呀!”小强有些生气了。

“只要你也跟那位新同学一起玩，你们不就可以玩得很快乐吗？其他同学还是跟你一起玩的呀!”妈妈说道。

“嗯，好像是。”小强点了点头。

很明显，小强同意了妈妈的看法。一路上，小强又恢复了往常的快乐，又蹦又跳的，很开心。

所以平时父母一定要注意观察孩子的情绪，只要孩子愿意和你沟通，你就要引导孩子把心中的烦恼说出来，这样，烦恼就会很快消失，孩子也会很快变得开心。

家长也可以帮助孩子克服一些困难，教会孩子采取正确的措施来保持乐观的情绪，这些都是促使孩子摆脱消极情绪、培养积极情绪的好办法。

4. 培养孩子广泛的兴趣

开朗乐观的孩子心中的快乐源自于各个方面，一个孩子如果只有一种爱好，他就很难保持长久的快乐。培养多种爱好可使孩子的生活变得更为丰富多彩，也必然更为快乐。这要以孩子自愿为前提，强迫孩子进入各种兴趣班学习并不能真正达到目的。

父母平时要注意孩子的爱好，为孩子提供各种兴趣的选择，并给予必要的引导。孩子的业余爱好广泛，自然就拥有了快乐的性格。

5. 不要对孩子管教过严

许多孩子因为没有自由，所以感到不快乐。为什么呢?因为父母对孩子太过溺爱，往往会抑制孩子们的一些行为和举动，甚至替孩子包办一些事情，这样，孩子就事事不用做，也无法在做事中得到乐趣。

所以要培养孩子乐观开朗的性格，就不要对孩子管教过严，而是要允许孩子在不同的年龄段拥有不同的主权。一般来说，只有从小就享受到“民主”的孩子，才会感受到人生的快乐。因此，父母应当让孩子自己去选择、处理自己的事情。

6. 不要伤害孩子的积极性和自尊心

切记少用甚至不要用否定性伤害孩子积极性、自尊心的批评。即使孩子真的犯了错误，家长也应在客观分析、指正之后，再教孩子正确的方法，而不应过多地替他惋惜、后悔，如“你要是那么做，一切就好办了”“你要是听我的话，那这一次就没有什么问题了”“要是那样做，就不会有这样的下场”等。家长一定要记住，孩子的懊悔多一分，那他的乐观精神就会少一分。

教孩子学会积极的自我暗示

在一个小镇上，有个女孩一直都为自己贫困的家庭而自卑。她没有漂亮的衣服和首饰，也很少出门。一天，邻家的一个大姐姐和几个女孩来约她参加舞会。看着女孩忧愁的面孔，大姐姐爱怜地从包里拿出一个美丽的头花，给女孩戴上。顿时，满堂生辉。“太漂亮了！”“你今天去了肯定最受欢迎！”其他几个姐妹七嘴八舌地说着。女孩拿过镜子一照，她也被镜子里面那张动人的脸惊呆了！她没想到，有了这个头花，自己竟然变得这么漂亮，像天使一样容光焕发。舞会上，女孩果然光彩照人，魅力四射。人们惊叹小镇上原来还有这么漂亮的姑娘。女孩满足极了。她飘飘然地回到家里，却惊讶地发现那个美丽头花并没有戴在头上，而是被忘在了床上。这个故事很耐人寻味。改变女孩容颜和心情的仅仅是一个头花吗？当然不是，而是这个心理暗示给女孩带来了自信。自信如同阳光，有了它的照耀，女孩自然会在举手投足一笑一颦间展现出摄人心魄的魅力。

1983年，有一位美国击剑运动员，知道在将举行的比赛中会遇到一位曾经两次击败过自己的古巴选手，因而缺乏信心。心理学家为他反复播放一段讲话，叙述在未来的比赛中，为什么那名古巴选手反而一见他就害怕的理由。他听了几十次，越听越有道理，便从害怕的情绪中解脱出来，并在比赛中战胜了对手，夺得了冠军。

通过上面的两个事例，我们不难看出，积极的心理暗示的作用是非常巨大的。

有人曾说："一切成就，一切财富，都始于一个意念。"是的，一个人习惯于在心理上进行什么样的自我暗示，有时会是他成功与否的重要原因。可以说，发展积极正面的自我暗示，是走向成功、战胜挫折的重要途径。因此，当孩子遭遇挫折时，始终让他坚持心理上积极的自我暗示，这是非常重要的。通过心理暗示，让孩子转变意识、发展积极心态。总之，心理暗示对孩子在挫折面前的表现有着很大的影响。所以父母平时就要注意让孩子把积极的心理暗示养成习惯，这样他才能更好地驾驭自我，在挫折面前表现得处变不惊。

1. 教孩子暗暗提醒自己

当孩子参加一些竞赛、考试等富有挑战性的活动时，父母要教孩子在心里暗暗地提醒自己："沉住气！别紧张！我一定会取得好成绩的！"这样，孩子就增强了自信，情绪就会恢复平静，就会避免不良情绪造成的消极后果。

2. 告诉孩子，自我暗示要用正面的语言

告诉孩子，自我暗示要用正面、积极的语言，比如，要说"我一定能成功"，而不说"我不可能失败"；要说"学习对我来说很容易"，而不说"学习并不难"。因为正面的自我暗示在大脑里种下的是成功的因子，潜意识就会指挥你去争取成功；反之种下的就是消极的种子，大脑的潜意识就会为自己找失败的借口。所以，一定要让孩子用积极正面的语言来暗示自己。

3. 给孩子做好暗示的榜样

要教孩子学会积极的自我暗示，特别是对做事缺乏信心、自卑感很强的孩子。在日常生活中，父母应该运用积极的自我暗示给孩子做榜样。比如：“今天我的工作完成得不错”“我家孩子真懂事，我是个成功的妈妈”！父母的这些语言都会影响孩子。

PART 6

善于交往，让孩子拥有自己的交际圈

没有交往能力的人，就像陆地上的船，永远到不了人生的大海。

学会交往，让孩子独立快乐地成长

美国前总统罗斯福曾说：“在成功的公式中，最重要的一项因素是与人相处。”一个人一生的成功、幸福与否，与人缘的好坏有着莫大的关系。人缘好的人，无论是在事业上还是在生活中，别人都愿意帮助他：他过河时有人搭桥，落水时有人伸手。一个人如果拥有良好的人缘，就等于拥有了一笔巨额的无形资产。

可是，现在的很多孩子，由于从小受到父母的过度保护与盲目溺爱，导致他们处处依赖父母。而依赖父母只是一个表象，这种依赖背后隐藏着孩子在性格形成方面的一些缺失，他们任性、事事以自我为中心、不合群、霸道、有攻击性等行为，继而影响人格发展，最终导致人际关系不良。当他们走上社会时，就会发现他们很难与别人沟通，也不知道该怎样与别人打交道，会产生孤独、寂寞感，开始怀疑自己的能力，使自己失去自信，并很难融入到社会当中去。

可能有些家长觉得，孩子这么小，学习好才是最重要的，然而要告诉这些家长的是，这种想法是非常错误的。美国哈佛大学教育研究所的教授霍华德·加德纳，是一个在国际上享有盛誉的心理学家和教育学家。他曾经追踪研究了很多孩子，发现那些从小学习成绩优秀的孩子，长大以后却反而不是最有成就的人，而那些在社会上取得了莫大成就的人，学生时代的成绩普遍是中上游。一开始，加德纳觉得很费解，为什么那些学习成绩最好的孩子反而不是最有成就的呢?

经过反复的调查，他才弄明白了其中的原因。原来，那些成绩排名前列的孩子学习虽然很好，但因为他们把自己全部的精力都放在了书本上，结果变成了性格有些孤僻甚至怪异的“书呆子”，不善与人相处。当这样的人踏入社会后，因为不善与别人合作，无法融入团队，往往容易成为集体中被孤立、被排挤的对象，得不到更多的支持与援助。而那些排名中上游的孩子，成绩虽然不是最好，但他们大多性格开朗、活泼，豁达大度，喜欢与别人合作，很容易和别人打成一片，可以轻而易举地融入集体，可以借助集体的合力从而使自己的努力事半功倍。

每个孩子成长的过程，都是一个由“自然人”变成“社会人”的过程，与小伙伴交往是孩子最初的社会人情实践，孩子需要在这种体验中成长、独立。善于交往的孩子可以得到更多的感情交流、更多的快乐。心理学家发现，善于交往的孩子容易形成快乐健康的性格。如果孩子总是被抛弃、被拒绝于集体之外，就会产生孤独感，感情会受到压抑。久而久之，他们会不愿意开放自己的心灵，感到寂寞、空虚和无聊，始终处于孤独、封闭、退缩的状态，如同置身于一个“孤岛”之上。这种状态对孩子的身心发展会产生十分不利的影响。

因此，父母应当从小培养孩子善于交往的能力，让孩子快乐独立地成长。那么，在日常生活中，父母应当注意哪些事项呢?

1. 别只看孩子在家里的表现

妈妈从来不认为宣宣有依赖家人的倾向，因为宣宣在家很活泼，不但很有主见，甚至几乎是她说了算。她说要看动画片，爷爷就不能看新闻，妈妈和爸爸就不能聊天。

但是，妈妈发现宣宣在外面与新朋友接触时，总是显得很忸怩，一点儿都不大方。但与熟悉的伙伴相处时，宣宣又显得过于霸道，总是搞得大家不欢而散。

几次之后，妈妈再让宣宣出去玩时，宣宣就会选择在家玩耍，似乎只有和家人在一起，她才会快乐。

任何一个孩子在接触其他孩子之前，都不知道自己是否善于交往，甚至对“交际”都没有什么概念。而恰恰是外界对他的排斥，让他逐渐意识到自己是一个不善交往的人，由此他开始更加依赖家人。

所以，我们别以孩子在家里的表现来判断他的与人交往能力，而是要在外界通过观察，了解孩子是否善于交往。

2. 仔细观察，发现孩子不善交往的原因

妈妈通过观察了解了宣宣不善交往的原因是过于自我、太霸道、太唯我独尊。当然，不是所有不善交往的孩子都是因为这个原因，有的孩子因生性胆小而不敢与人交往，有的孩子因不懂礼貌而被人排斥，有的孩子因不愿意与他人分享而不受欢迎，有的孩子因不懂得沟通而无法建立固定的朋友圈。

只有我们仔细观察，才能发现孩子不善交往的原因，才能对症下药，帮助他改变现状，学会与别人打交道。

3. 从实质上帮助孩子改变

当我们知道孩子不善交往的时候，仅仅鼓励他多与人交往是不够的。因为他在我们的鼓励下，虽然尝试了，但结果往往也不尽如人意，因为孩子根本没改变。也就是说，如果孩子不改变自私、没礼貌、霸道、吝啬、胆小的性格，就无法改变与人相处的模式，他的每一次尝试都会暴露原有的问题，让尝试变成失败的体验。这样一来，孩子会越来越没有自信，越来越依赖父母，越来越无法独立成长。

所以，作为家长要想让孩子真正独立起来，就应当从实质上帮孩子改变。而具体实施的帮助，将会在接下来的几节作详细的说明。

孩子应该拥有自己的朋友

成人需要朋友，需要从友谊中得到力量，孩子同样需要。对于孩子的交友问题，父母一般都比较重视，毕竟“近朱者赤，近墨者黑”。父母都希望孩子的朋友是品学兼优的好学生，这样就可以给孩子带来有益的影响和帮助。

但现实情况是：很多父母发现，自己孩子交往的朋友不能令自己满意。这时，有些父母就会按照自己的意愿去要求孩子去选择朋友，殊不知，这样做不但会给孩子带来一定的心理压力，甚至还会引起孩子的逆反心理。如何正确地对待孩子的交友问题呢？这个问题一直困扰着许多父母。

其实，这其中的关键在于父母要转变态度，放开孩子的双手，信任孩子，让孩子自由地交友，让孩子拥有自己的朋友，尊重他的选择，而不是用挑剔的眼光来衡量他们。这样，孩子自然也就会接受父母的帮助和指导。

著名教育学者孙云晓教授曾在央视“百家讲坛”中讲到，让孩子拥有自己的朋友比拥有好的学习成绩重要。

孩子只有有了自己的朋友，他才会有更多的生活体验，学会如何与人相处，如何关心和帮助他人，如何解决与他人的矛盾，如何向别人学习……这样孩子才能从中获得交往的快乐，也才能拥有健康的人格。

一个没有朋友的孩子是孤独的，而在这种孤独中，孩子很可能会出现各种各样的问题，严重的还可能陷入犯罪的深渊。来看下面一则实例：

有个学生王某，学习成绩非常好，曾拿了全国中学生化学奥林匹克竞赛第一名，因而被保送到某大学化学系。在他读大学三年级的时候，因犯故意杀人罪被判处有期徒刑11年。

王某从小就只知道学习，不会交往，没有朋友。到大学三年级后，他发现没有朋友很难生活。但交朋友是需要学习的，他不会。他就和同宿舍的一个男同学形影不离，两个男生总是黏在一块儿，别人觉得很奇怪，于是议论纷纷。那个男生就不和他来往了。王某很生气，要报复那个男生，弄来一种剧毒的化学物品——铊，投放到那个男生的水杯中……

王某在学习上是一个无可挑剔的优秀孩子，他为什么会犯下故意杀人罪呢？这里面，除了他自己的因素外，他的父母也有着不可推卸的责任，他的父母并没有意识到孩子缺乏朋友的危险性，没有意识到孩子有心理上的障碍。

出于对孩子的关心，很多父母都喜欢干涉孩子的交友，以致孩子很难交到朋友，甚至没有朋友。在这个合作的时代里，任何人都不能离开群体而独立存在，孩子也是如此。没有朋友的孩子，其内心势必会产生对友谊的极其渴望，行为上的孤僻与内心中的渴望容易造成孩子性格的扭曲。只有孩子拥有了自己的朋友，他才可能拥有健康的人格。

当然，让孩子可以自己选择朋友的并不代表孩子无论交什么样的朋友都可以，这里面还存在一个度的问题，而父母要做的就是适时适当地把握这个度。

小明升入四年级后，他告诉家长自己不是小孩子了，不再用家长接送了。家长很高兴，觉得小明长大了，就同意了他的想法。可是过了一段时间，小明的学习成绩下滑，放学后不按时回家，也不能像往常一样按时完成作业。后来家长经过了解，才知道小明在没有大人接送的情况下，每天放学后都和几个小玩伴一起回家。那几个孩子都是比较调皮又贪玩的孩子，经常不按时完成作业，在课堂上还给老师捣乱，并且还经常出入网吧。小明正是因为交上了这样的朋友，才出现了一系列的变化，这种现象引起了家长的担忧。

“近朱者赤，近墨者黑。”父母对孩子交友的担忧有一定的道理。孩子由于年龄小，分辨是非的观念不强，需要父母的及时指导。尊重孩子选择朋友的同时，也要帮助孩子选择，把握好度，也就是只要孩子的朋友品质上没有问题就可以。

对待孩子的交友问题，最好是尊重孩子的选择，让孩子拥有自己的朋友。父母不能以自己的意愿来强求孩子选择朋友，也不能对孩子的交友放任不管。只要孩子的朋友品质上没有问题，父母就不应该干涉他们的交往。

那么，如何才能真正地让孩子拥有自己的朋友呢？以下的几点建议父母可以作为参考：

1. 提早教给孩子正确选择伙伴的方法

应提早教给孩子怎样和伙伴相处，和他沟通、讨论他的需求和困惑，不要等看到危险信号出现了才仓促“应战”。父母要清楚什么是该做的，什么是不该做的。除非你有足够的理由相信，孩子的交友行为是极其危险的，否则就不要干涉他。

2. 不要给孩了施加压力

在孩子交不到朋友时，父母不要施加太大的压力，即使你感觉到孩子是多么孤独。父母可以利用这个时间帮助孩子学习各种可以和他人分享的技能，比如学会下棋、乐器演奏，对音乐或艺术兴趣的开发会让孩子有和他人一起分享的激情，或者鼓励他们参加足球队或上体操课，这样的活动会让孩子感受到自己是整个团队的一部分，一旦他们有了能一起分享这些兴趣的伙伴，也就不会结交不恰当的伙伴了。

3. 尊重孩子间的差异

孩子的社会需求是不同的，了解这点很重要。比如，并不是每个孩子都需要很多朋友。数量不等于质量。对有些孩子来说，一两个朋友就足够了。

12岁的莎拉·凯勒是一个聪明、创造力强的女孩，喜欢跳芭蕾舞和弹钢琴。当她不是一个人玩的时候，她总是和一个最要好的朋友在一起，她9岁的妹妹雷切尔却恰恰相反。她们的母亲说："我常开车送雷切尔去参加一个又一个社交活动。我曾劝说莎拉多出来活动活动，但我终于发现，莎拉的兴趣和雷切尔不一样。"

4. 别用打骂逼孩子"绝交"

一旦遇到孩子结交了不适当的伙伴，首先要冷静分析，一定不要直接否定，在了解情况时要表现出兴趣。不要只是问一些诸如"他是谁，是做什么的，在哪里认识的"这样肤浅的问题，应鼓励孩子说出他和朋友之间交往的每一个细节，表示出你愿意和他共同分享的兴趣。尊重并认可孩子的想法，即使你反对他们的交往，也不要急于让孩子接纳你的观点。不妨花时间多和孩子接触，多倾听他的声音，坚持下去就会带来积极的变化。

教孩子学会礼貌待人

礼仪是我们中华民族的传统美德，从古至今，源远流长。古代教育家孔子在教育他的儿子孔鲤时就说道：“不学礼，无以立。”意思是说，不学会礼仪礼貌，就难以有立身之处。

事实上确实如此，一个懂礼貌的孩子，无论走到哪里都会受到欢迎，别人也会对他心生好感，自然愿意与他交往；而没有礼貌的孩子，总是让人生厌，当然没有人愿意与他相处。

个大家再熟悉不过的故事。四岁的孔融之所以使人家敬佩，正是因为他懂得谦让，懂得使别人快乐就是自己最大的幸福。如果一个人文化程度很高，但不懂得礼仪，那他也是一个对社会毫无用处的人。因为道德常常能填补智慧的缺陷，而智慧却永远也填补不了道德的缺陷。

耶鲁大学有一批应届毕业生，共22人，实习时被导师带到华盛顿的某实验室参观。全体学生坐在会议室里等待实验室主任胡里奥的到来。这时有秘书给大家倒水，同学们毫无表情地看着他忙活，其中一个还问了一句：“有咖啡吗？”秘书抱歉地告诉他刚刚用完。当秘书给一个名叫比尔的学生倒水时，比尔轻声说：“谢谢，大热的天，辛苦了。”这是秘书这天听到的唯一一句感谢的话。

门开了，胡里奥主任走进来和大家打招呼，没有一个人回应。比尔左右看了看，带头鼓了几下掌，同学们这才稀稀拉拉地跟着拍手，掌声显得很零乱。接着胡里奥主任亲自给大家讲解有关内容，他看到同学们没有带笔记本，就把实验室印的纪念手册拿来送给同学们做纪念。大家都坐在那里，随意用一只手接过胡里奥主任双手递过来的手册。

胡里奥主任的脸色越来越难看，他已经快没有耐心了。就在这时，比尔礼貌地站起来，身体微倾，双手接住手册恭敬地说了一声："谢谢您！"胡里奥闻听此言，不觉眼前一亮，他拍了拍比尔的肩膀问："你叫什么名字？"比尔照实作答，胡里奥主任微笑着点头，让他回到自己的座位上。

两个月后，比尔被该实验室录取了。有几位同学感到不满并找到导师："比尔的学习只算是中等，凭什么选他不选我们？"导师笑道："比尔是人家点名来要的。其实你们的机会是均等的，你们的成绩甚至比比尔还要好，但是除了学习之外，你们需要学的东西太多了，修养是第一课。"

这种修养就是文明礼貌。从这则故事中我们不难看出，修养对于一个人的重要性。比尔之所以在与别人均等的机会面前轻易胜出，完全取决于他不同于别人的良好修养。俗话说得好，做事先做人。一个人的道德修养是其事业能否成功的基础所在。没有修养的人，无论你的学识多么渊博，也是不受人欢迎的。一个人从小就要不断提升自己的修养，因为人际关系必将决定我们的前途和命运。

因此，家长应当教育孩子从小要讲文明懂礼貌，这是做家长的职责。那么，父母在平常应当怎样做呢？

1. 家长要以身作则

孩子有没有礼貌不是天生的，是后天培养出来的，而且孩子天生就喜欢模仿别人，所以家长在家里的时候要注意自己的言行举止，注意讲礼貌，给孩子树立一个好的榜样。比如，有客人来的时候给予热情地招待；接受了别人的帮助以后，要说谢谢；在收到礼物的时候可以邀请孩子和你一起写感谢卡；等等。有了家长的示范，再遇到类似的情形时，孩子自然而然就会学你的做法。

2. 帮孩子打造干净、整洁的仪表

良好的形象是孩子的第一张“名片”，谁都不会无缘无故地排斥穿戴整齐的孩子。相反，那些邋里邋遢、衣服肮脏、满身异味的孩子，自然没有人想接近他，更别说和他打交道了，所以，孩子有礼貌的首要表现就是有干净、整洁的仪表。

因此，我们就要督促孩子养成良好的卫生习惯，除了早晚洗脸刷牙之外，平时要勤洗澡，勤换衣，不要让孩子养成当众剔牙齿、掏鼻孔、挖耳屎、搓泥垢等坏习惯，让他知道这些行为不仅不雅观，也不尊重他人。

3. 别总批评孩子没礼貌

如果孩子不是特别懂礼貌，我们不能总批评他，越批评，他会越逆反，或者越胆怯，这就越促使他学不会如何讲礼貌。除了我们作出榜样之外，及时提醒和鼓励是很必要的。

亮亮家对面搬来了新邻居，邻居家有一个比亮亮大两岁的小江哥哥。有一次，小江哥哥来找亮亮玩，妈妈看亮亮没有主动问好，就说：“亮亮，这是谁啊？”

亮亮犹豫了一阵儿，正在大家都以为亮亮不会打招呼的时候，亮亮大声说：“小江哥哥好！”

小江也高兴地回应了亮亮。

此时，妈妈明白了，亮亮刚才是在想，这位哥哥叫什么名字，所以没有及时地问好。如果我们没有给孩子足够的思考时间，就轻易说他没礼貌，那真是冤枉他了。我们与其心急地批评孩子，不如把如何称呼对方告诉他，比如说：“这是小江哥哥啊！忘记了？”或者事后对孩子说：“如果想不起对方的名字，或者长辈的姓氏，就直接喊‘哥哥’‘姐姐’‘老师’‘阿

姨'，也总比不吭声强。"这样孩子就不会为犹豫怎么称呼对方而被冤枉没礼貌了。

只要我们常常鼓励孩子，不带责备语气地提醒他，他一定会成为懂礼貌的好孩子的。

培养孩子的宽容之心

宽容不但是做人的美德，也是一种明智的处世原则，是人与人交往的"润滑剂"。宽容能使人性情温和，消除许多无谓的矛盾，化干戈为玉帛。宽容的人，时时处处都会受到人们的欢迎，因为他能够处理好各种人际关系，能够很快地适应各种不同的环境，能够融洽地与人合作，充分发挥自己的潜能。

宽容对于一个孩子个性的健康发展，尤其是情感的健康发展有着非常重要的意义。一个孩子如果性情温和、善良，为人宽宏大量，他在成长中与别人发生矛盾的机会就会减少，更容易受人欢迎。如果孩子拥有一颗宽容的心，那么将会给他赢得更多的朋友，在人际交往上也会更加得心应手。

但现在的孩子大部分都是独生子女，很多父母都见不得自己的掌上明珠受委屈，因此经常这样教育孩子："别人对不起你，你就可以对不起他；别人打你，你一定要回打他。"试想，在这种教育方法的引导下，孩子又如何能够学会宽容。这种缺乏宽容心的孩子，往往性情怪异，易走极端，不易与人亲近。所以，为了孩子的幸福，为了孩子将来能有所作为，身为父母应当教孩子学会宽容。

那么，父母应该怎样做才能把孩子培养成为一个有宽广心胸的人呢？

1. 父母要懂得宽容

要想让孩子学会宽容，首先父母应有宽容的品质。有这样一个故事：在泰国的一个度假村，有一天，工作人员带着很多孩子在广场上做游戏，结束后，由于孩子太多，工作人员一时疏忽，将一个孩子留在了广场。等她发现人数不对时，才赶快跑到广场将这个4岁的女孩带回来。孩子因为一人在偏远的广场，饱受惊吓，大哭不止。

工作人员满脸歉意地安慰着孩子。这时，孩子的妈妈来了，她蹲下来安慰着自己的孩子，并告诉她："已经没事了。那位姐姐因为找不到你而非常难过，她不是故意的，现在你必须亲亲那位姐姐的脸颊，安慰她一下！"只见那位4岁的小孩踮起脚尖，亲了一下蹲在她身旁的工作人员的脸颊，并且轻轻地告诉她："不要害怕，已经没事了。"这位妈妈以宽容之心原谅了工作人员的疏忽，从而为孩子做了一个非常好的榜样。

2. 让孩子明白"人无完人"

教孩子明白"人无完人"，引导孩子多发现别人的长处。一个能看到别人优点，容忍别人缺点的人，才会有宽阔的胸襟。

静静最近与班里的同学发生了矛盾，回家就说同学的不是，妈妈为此不禁愕然：女儿怎么满脑子都是同学的缺点，这样怎么能建立良好的人际关系？长此以往，会使女儿对同学缺乏应有的宽容。

于是，妈妈与静静进行了一次交谈。引导她回忆自己和同学相处时的快乐经历，在充满快乐的回忆中发现同学的闪光点。如平时同学是怎样帮助自己的，生病的时候是怎样关心自己的……同时，妈妈还耐心地帮静静分析，同学们身上的优点比缺点多得多，而且那些缺点在她自己身上也或多或少地存在。妈妈告诉女儿，没有人是完美无缺的，与其为别人的缺点怄气，不如为他们的优点而开心。在这些充满快乐的回忆中，静静想起了同学的长处，在妈妈的劝解下，她也认识到了自己的问题。从那以后，静静很少抱怨同学的不是了，和同学们的关系也越来越融洽。

3. 教孩子学会心理换位

所谓心理换位，就是指当双方产生矛盾时，能够站在对方的角度上思考问题，思考对方为何会如此行事、如此说话，如果真的能够做到这一点，就能够理解对方，减少很多不必要的矛盾。

许多孩子只习惯于从自己的角度思考问题，而不习惯于站在别人的角度上思考问题。要消除这种现象，办法就是心理换位。

一次外出旅游时，妈妈给强强买了一个小风车，同行的小伙伴欢欢买了一个稍大一点的，她便向强强炫耀。玩了一会儿后，欢欢的风车便玩坏了，这下强强找到报复的机会了："哈哈，我说大的不好吧，这么快就坏了。"欢欢难过地看着自己的风车。妈妈一听赶紧把儿子叫过来，说："强强，你觉得刚才这样说话对吗?""谁让她笑话我的风车小呢!""如果你的风车坏了，心情会怎样?""我会难过。""对呀，欢欢没有风车玩了本来就很难过，你又这样说她，她心里是不是会更难受?"强强听后不作声了。

于是，妈妈又对强强说："好朋友要互相关心，现在你该怎样做呢?"

他想了想说："让她和我一起玩我的风车吧。"于是，两个孩子又重归于好，开心地玩着小风车。

在日常生活中，如果都能够站在对方的角度思考，能够设身处地地多为对方设想，那生活中的许多矛盾就都容易化解了。

教孩子学会倾听

一位哲人曾经说过："上帝给我们两个耳朵，却只给我们一个嘴巴，意思是要我们多听少说。"社会学家兰金早就指出，在人们日常的语言交往活动（听、说、读、写）中，听的时间占45%，说的时间占30%，读的时间占16%，写的时间占9%。可见，"听"在人们的交往中处于非常重要的地位。善于倾听在人际交往中是特别重要的。

心理学研究表明，越是善于倾听他人意见的人，与他人关系就越融洽。因为倾听本身就是褒奖对方谈话的一种方式，你能耐心倾听对方的谈话，等于告诉对方"你是一个值得我倾听你讲话的人"。一位名人说："学会了如何倾听，你甚至能从谈吐笨拙的人那里得到收益。"

事实上，在谈话中，任何人都不可能总是处于说的位置上。要使交谈的双方交流畅通无阻，就必须善于倾听他人的谈话。善于倾听他人说话的人，不仅能够及时地把握对方的信息，弥补自己的不足，不断完善自己，而且能够让对方产生被尊重的感觉，加深彼此的感情，有利于人际交往。

孩子要与人融洽相处，流畅地交流，必须要先学会倾听。倾听他人既是一个听的过程，也是一个学的过程。在倾听他人的过程中，孩子可以从他人的言语中学习到一些自己不知道的知识和他人的为人处世的态度与原则。

但是，在现实生活中，我们往往会发现许多孩子虽然非常善于表达自己，但是却不会倾听他人，无法与人在交往中体现出真诚，甚至不愿意倾听他人的建议和忠告。事实上，每一位父母都应该培养孩子倾听他人的习惯，它将使孩子终生受益。

那么，怎样培养孩子养成善于倾听的好习惯呢？

1. 父母要善于倾听孩子的心声

在现实生活中，许多父母都没有认真倾听孩子心声的习惯，这也是孩子无法养成倾听他人习惯的原因。经常有父母这样感叹："孩子有什么话总不肯跟我说，我说什么孩子也不愿意听，真是拿他没有办法。"事实上，父母不善于倾听孩子，孩子说的话就得不到父母的重视，孩子便只会把自己的想法藏起来，而且，孩子还会感觉到父母是不尊重自己的，从此更加减少与父母之间的沟通。这种后果将是非常严重的。

心理学家提醒父母说："如果父母从不听孩子说话，孩子长大后往往要经过许多年治疗才能恢复自尊。"事实上，孩子虽然还小，但是他们也有独立的人格尊严，他们也需要表达自己的想法和感受，父母是没有权力剥夺孩子的这些权利的。

倾听孩子的心声不仅是了解孩子心灵的有效途径，也是培养孩子倾听他人的重要方法。父母必须定期抽出专门的时间来倾听孩子的心声，让孩子感受到你对他的重视和赏识。

倾听孩子说话时，父母一定要端正姿态，千万不要摆出一副表面上倾听而实际上千方百计想出一些理由来反驳他的样子，完全不顾及孩子的感受，总是否定孩子的思想，这样孩子便不会再主动与父母交流了。

2. 教育孩子用心倾听他人

许多孩子在倾听他人讲话时往往心不在焉，或左顾右盼，或处理他事，或摆弄东西，或不时走动，这种方式最易伤人自尊，说话的人往往觉得自己不被尊重，因此不愿再讲，更不愿讲心里话，谈话不仅无法收到好的效果，还会影响到双方的关系。

实际上，在人际交往中，孩子不仅要理解他人，而且还必须感受和体验他人的情绪。父母要教育孩子在别人愉快的时候与他分享快乐，在别人痛苦、失落的时候与他分担痛苦和失落，这种用心与人交往的表现必然会赢得他人的好感。

3. 通过游戏训练孩子的倾听能力，引起孩子的兴趣

一种良好的练习倾听的游戏就是“传话”。比如，妈妈可以向孩子说一段话或者讲一个故事，要求孩子认真仔细地听完，然后把这段话或者这个故事讲给爸爸听，妈妈要听听孩子复述得是否准确。或者，几个甚至十几个孩子共同玩这个游戏，大家围坐一圈，由一个人开始，将一段话悄悄传给第二个人，第二个又传给第三个人……如此转一圈，当最后一个人把话传到发话人的时候，原话往往已经变得面目全非了。通过这种游戏可以训练孩子的倾听能力。

4. 教给孩子倾听他人的礼仪

（1）要面带微笑，不要显示出不耐烦的样子，要让对方感到轻松自如，而不是拘束。

（2）倾听时不要挑对方的毛病，不要当场提出自己的批判性意见，更不要与对方争论，尽量避免使用否定别人的回答或评论式的回答，如“不可能”“我不同意”“我可不这样想”“我认为不该这样”，等等。应该站在对方的立场去倾听，努力理解对方说的每一句话，并可以对他人的话进行重复。

（3）交谈过程中要少讲多听，不随意打断他人的说话。

（4）倾听过程当中可以适当地运用眼神、表情等非语言传播手段来表示自己在认真倾听。尽可能以柔和的目光注视着对方，并通过点头、微笑等方

式及时对对方的谈话作出反应；也可以不时地说“是的”“明白了”“继续说吧”“对”等语言来表示自己在认真倾听。

（5）如果对对方谈的内容比较感兴趣，可以先点点头，然后简单地表明自己的态度，最后再说“请接着说下去”、“这件事你觉得怎么样”等，这样会使对方谈兴更浓。

（6）如果对对方的谈话不感兴趣，可以委婉地转换话题，比如，“我想我们是不是可以谈一下关于……的问题”，等等。

做一个会赞美别人的孩子

赞美是必不可缺的交际礼仪，人类本性上最深的需求之一也是期望被赞美。赞美是语言的钻石，赞美有着巨大的威力，赞美是我们乐观面对生活所不可缺少的，是我们自强、自信、自我肯定的力量的源泉；赞美是人际关系的润滑剂，还可以约束人的行为，能使人自觉克服缺点，积极向上；赞美的效果常常会出乎人的意料，即使是简单的几句赞叹都会让人感到心理上的满足。向别人传递一个真诚的赞美，能给对方的心灵带来光明。

可是，在现实生活中，自我感觉良好的孩子很多，而真正能够欣赏到别人的优点，懂得赞美他人的孩子很少。对己宽松、对人苛刻、吝于使用赞美的语言是许多人的通病。

有两个孩子一起走进天使的玫瑰园，他俩都希望天使能够赐予自己一束幸福的玫瑰花。然而天使却送给他俩每人一束绿色的玫瑰枝，两个孩子都有一点儿失望。天使便把他俩分别叫到面前微笑说："孩子，你能给我描述一下你的那个伙伴吗？如果你比对方英俊，你将获得一束幸福的玫瑰花。"

第一个孩子说："我比他个子高，眼睛也比他的大；你看他鼻子还塌塌的，当然我要比他英俊，请天使赐予我一束幸福的玫瑰花吧！"

第二个孩子听了天使提出的这个条件之后，他转身端详了对方几眼诚恳地说："他个子高高的，眼睛大大的，鼻子也挺挺的，真好看。天使只有一束幸福的玫瑰花，就请赐给他吧！"

结果第二个孩子手中那一束玫瑰枝变成了芬芳的花朵，而第一个孩子的竟变成了一根枯萎的蒿草。

孩子能够欣赏到自己的优点固然是好的，但一个只看到自己的优点，看不到他人优点孩子必然会给他人留下傲慢、无理和自以为是的印象。这对自己、对他人都是不好的。学会赞美别人，这将让孩子终身都受益无穷。

教孩子从小学会赞美，不但能培养孩子欣赏美的眼睛，更重要的是，能培养孩子关怀、安慰他人的能力。懂得赞美的孩子不但能赢得良好的人际关系，还能拥有丰富的情感与美好的内心世界。

所以，在日常生活中，父母应注意培养孩子去发现，去寻找别人值得称赞的地方，教孩子成为一个善于赞美别人的人。那么，父母具体应当如何去教呢？

1. 赞美别人一定要真诚

赞美绝不是虚伪的胡乱夸赞，也不可以用漫不经心的态度，一定要用认真诚恳的表情来赞美他人。如果别的同学把事情搞砸了，你却"不失时机"地赞美道：你做得真好，我想做还做不到那个样子呢。这个时候，赞美就变成一种讽刺了。不真诚的赞美往往会起反作用，不但不会使别人舒畅，反倒会伤害别人。

实际上，真诚的赞美与虚伪的谄媚有着本质区别：前者看到和想到的是别人的美德，而后者则是想从别人那里得到非分的好处。只有真诚赞美别人的人才能真正得到别人的爱。

赞美有时候没有必要去刻意修饰，只要是源于生活，发自内心，真情流露，就会收到赞美的效果。

2. 赞美事实

赞美绝不是阿谀奉承。教孩子赞美别人不能毫无根据，只是说："你真是一个好人！"那样的赞美毫无意义。所以，一定要赞美事情的本身，这样对别人赞美时才可以避免尴尬、混淆或者偏袒的情况发生。比如，当父母带孩子到朋友家做客，朋友准备了美味的饭菜，这时候，父母可以让孩子这么说："阿姨做的饭真好吃。"而不要只是说："阿姨，你真好。"

3. 可以直接赞扬

以具体明确的语言、表情称赞对方的行为。如赞扬同学的作文写得非常好，就可以说："你的作文写得真好，我要是也有你那么好的文笔就好了。"这样的话语既真实，又充满羡慕，让别人觉得很舒服。即使被赞美者知道自己的作文写得没那么好，也会对称赞者平添一份友好的感情。而赞美长辈则应怀着敬佩、尊重、学习的心情。

4. 可以间接赞美

教孩子以眼神、动作、姿势来赞美和鼓励别人。一般的人对表情和动作的感觉远远超过对语言的感觉。在一些场合，人的表情在多数情况下是下意识的，发自内心的，其中所含的虚伪的成分是很少甚至完全没有的。比如，可以用微笑、惊叹、夸张地瞪大眼睛或是竖起大拇指表示对别人能力的倾慕和敬畏，这种方式是容易被对方接纳的。另外，如果想让孩子有赞美别人的习惯，父母首先要学会赞美孩子。

恰当地赞美别人是很重要的，它能拉近人们彼此的距离，让别人对你充满好感，充满信任。生活中，只要孩子注意到了这一点，经常恰当地赞美别人，将会使自己的生活充满欢乐。

让孩子学会关爱和帮助他人

一个有关爱之心，懂得帮助他人的人，才能得到更多人的帮助，才会有更多的朋友，才能获得更多的机会，也才更容易取得成功。因此，父母要积极培养孩子关爱他人、帮助他人的好品格。

独生子女自幼就在父母和长辈的关爱甚至是溺爱中长大，往往缺乏的就是这种优秀品格。这些孩子在家里往往都是处于一种随时被照顾的地位。这就减少了他们去关心、照顾别人的机会，有的甚至会很少想到别人，除非是他们需要别人帮助的时候。这一切看起来是自然而然地就形成了，可是，这些却非常不利于孩子的成长，不利于孩子形成优良的品格，不利于孩子长大后进入社会和人相处，它甚至会妨碍到孩子的学习以及事业上的成功。

乐于助人是一种高尚的品质，这对于一个孩子来说，可能会难以理解，因为他们可能对此没有明确的认识，还不懂得它的社会意义。可是孩子们都是极富同情心的，他们的同情心就是培养他们乐于助人精神的基础。

在现实生活中我们可以看到，有些孩子喜欢主动帮助别人，会把别人的事当作自己的事情来对待，但有的孩子则对别人的事丝毫不关心，认为那是别人的事情，跟自己没有什么关系，这其实是一种自私的表现。一个自私的人的生活是毫无乐趣可言的，因为他没有朋友、内心孤独。一个自私的孩子也只会远远地看着别人在一起玩得兴高采烈，而自己却只能一个人站在旁边，这是因为他的自私让伙伴们都远离他。所以，父母在平时一定要教育孩子关爱和帮助他人，因为这不只是在帮助别人，同时也是在帮助孩子健全他的人格。

父母平时可以从以下几点着手：

1. 父母要以身作则

父母在对孩子进行教育的时候，一定要身体力行、以身作则。要知道，一个人的品质和习惯并不是一时之间就能够养成的，也不是说只通过一两次教育就可以成功的，而是要经过长期而有效的教育以及各个方面的努力、多方面的原因才有可能形成。所以父母长期的引导和示范起到了不可忽略的作用。但是，一旦父母给孩子做了一些不好的示范，那么所有的努力就会功亏一篑。在让孩子养成帮助别人的习惯时，父母一定要身体力行地去帮助他人，这样的教育不需要语言的说教，只在于一种环境的熏陶。

2. 教育孩子要尊重他人

培养孩子帮助别人的习惯也和培养孩子其他方面的习惯一样，一定不要强迫他去做什么，而是要让他把这些作为一种助人为乐的习惯，让他从家庭中懂得仁爱、友情、亲情、付出与给予等方面的善行给他带来的喜悦。

想要让孩子懂得礼貌让座、尊老爱幼、不欺弱小的道理，首先要让他学会去尊重他人，并且要付诸行动，只有这样，他才会真诚地并且是不图回报地去帮助别人。在日常生活中，父母要经常向孩子讲述一些关于雷锋或身边某些人好善乐施、以诚待人的行为和事迹，让孩子知道为什么这些人会受到那么多人的爱戴。让他从中认识到尊重别人、以诚相待是受世人关注与爱戴的原因，让他明白尊重他人等于尊重自己，给予与付出要对等，爱是一种双向的相互关系。

3. 教孩子学会与人分享

不懂得和别人分享的人是自私的，这种人是从来不会去帮助别人的，即使是他做了什么帮助别人的事情，也可能是另有所图的。所以，想让孩子养成帮助别人的习惯，首先应该让他学会与人分享，让他体会到与人分享的乐趣。

有这样一个故事：

在一个阳光明媚的星期天，妈妈带着女儿去公园玩儿。来到一个小亭子里，妈妈打开装零食的小书包，女儿拿出她最爱吃的小熊饼干快乐地享受着。这时，一个哭泣的小男孩也来到了小亭子，并且一边哭一边叫妈妈。妈妈对女儿说："这个小弟弟可能是找不到妈妈了，我们把他送到公园管理处，好吗？"女儿点点头。妈妈再看向小男孩，只见他眼带泪花地看着女儿手中的小熊饼干。女儿好像也察觉到了，于是下意识地用手捂住了小熊饼干。"如果是你找不到妈妈了，现在又急又饿，你希不希望吃一块饼干？"妈妈耐心地引导女儿。女儿想了想，把手伸进了书包，又拿出一些她最爱的小熊饼干。

虽然孩子的年龄小，但是他们有着善良的心和单纯的想法，所以父母要鼓励孩子的参与意识和分享意识，使孩子对帮助别人产生兴趣，并且通过帮助别人可以得到一种满足。经过时间的锤炼，孩子的这种美德意识就会在他们体内生根发芽，并且逐渐在他们心中形成一种可以影响他们今后人生的良好品质。

4. 鼓励孩子帮助别人

在日常的生活中，父母要用鼓励的方式让孩子帮助父母做一些他们力所能及的事情，这样可以增强孩子助人为乐的责任感，还可以通过讲道理的方式让孩子知道，如果一个人只想到自己而不能给予别人帮助，那么，他就是一个自私的人。当然，这样的人就会被孤立起来，同样得不到别人的尊重和帮助。所以，让孩子迈出助人为乐的第一步，就一定要鼓励孩子去帮助别人，这点非常关键。

培养幽默感，为孩子赢得好人缘

著名幽默家克瑞格·威尔森曾经说过：“在我的成长过程中，幽默是生活中的七彩阳光，没有它，就没有我五彩缤纷的童年，也没有我充满欢声笑语、幸福无限的家庭。”

幽默是一种修养、气度和胸怀，是一个人最高贵的品质，是一个人人生最高的境界。这同时是一个社会对人才高素质的要求，是现代文明的呼唤。在日常生活中，人们之所以常常对幽默的人刮目相看，就是因为幽默的人常常为人们撑起一片风和日丽的天空，散发着幽雅的文明气息，会给人以平和安宁之感。

具有幽默感的人通常都很乐观，在生活中能够不断地制造欢笑，让周围的人感到轻松愉快，自己也会富有成就感和自信。和有幽默感的人相处，你会感到他身上放出来的智慧之光。

同样，孩子如果具有幽默感，在人际交往中就会比较容易获得友谊，而且往往也会比较容易成功。因为谁都喜欢和有幽默感的人交往，跟这样的人在一起，就等于是跟快乐在一起。

因此，父母应当从小培养孩子的幽默感，让孩子成为一个更受人欢迎，更加快乐的人。那么，父母该如何培养孩子的幽默感呢？

1. 尽早培养孩子的幽默感

孩子是最富有幽默天性的，他们的幽默是最自然、最坦率、最美好的语言。孩子在不会说话走路时，家长就可以用扮鬼脸、做各种夸张的表情、用手绢蒙住脸等来吸引孩子的注意，引发孩子的乐趣。刚开始，孩子可能只是对幽默刺激作出反应，时间久了，孩子就会发出“咯咯”的笑声，甚至模仿这种做法，这可以说是幽默的启蒙。

2. 家长首先要有幽默感

想让孩子具备幽默感，家长首先要让自己学会幽默，家长的幽默，能起到说教无法比拟的作用，能潜移默化地影响孩子成为一个乐观的人，增加他受人欢迎的指数。如果家长懂得营造一种幽默的语言风格，不但能让孩子显得轻松快乐，更能让孩子在潜移默化中学会幽默的表达方式。孩子的幽默感来自于家长，比如，三四岁的孩子，会因为听到大人说好玩的话，或看到某个不协调的动作，便会哈哈地笑个不停，这表示孩子的幽默感正在形成，此时，家长的协助很重要。有幽默感的家长可以比孩子笑得更夸张，从而强化孩子的幽默感。

3. 增加孩子的阅读量

幽默也是智慧的体现，如果不具有丰富的知识和经验，也就不能轻松自如地驾驭幽默，不能够给人以真正愉悦的感受。所以父母平时也要鼓励孩子多看书，增加自己的知识储备和情感体验，以便孩子能够学会迁移，把书上的智慧应用到生活中，创造出具有广泛认同和深刻的幽默。

4. 培养孩子的语言表达能力

培养孩子的语言表达能力是帮助孩子成为幽默的人的必要条件。幽默的一个最大特点就是能够让人在诙谐的语言里微笑、大笑。这就要求孩子必须具有很好的语言表达能力。

一个人即使很聪明、善于发现生活中的幽默，但如果缺乏一定的表达能力，也不会成为幽默的人。如果语言干瘪、生涩，一点儿也不生动活泼，再好的故事，也不会吸引人。如果孩子能绘声绘色地把事物表达、描述出来，就可以说他具备了说出一段幽默故事的基本条件了。

5. 鼓励并强化孩子的幽默感

鼓励孩子大胆地表现幽默，让孩子大声地说笑，为孩子搭建一个可以自由表现幽默的舞台，对孩子的幽默培养很重要。而当孩子说出一些好听的话或者作出一些有趣的动作时，别忘了给孩子一些掌声，让孩子和自己都轻松一下。同时，家长要用艺术的眼光，将孩子的幽默故事加以扩大并提炼，让它们在合适的场合加以重现，以强化幽默感，让孩子意识到这就是幽默。

总之，一个富有幽默感的孩子是家长培养起来的。如果您希望自己的孩子幽默、乐观、表达能力强，那么就从小培养孩子幽默的性格吧。幽默将会让您的孩子变得更加讨人喜欢，受人欢迎。

帮助孩子克服社交恐惧心理

人是社会性动物，永远都不能脱离社会而独立存在，必然时时都要与他人往来接触，交流沟通，产生联系，就像鱼儿离不开水一样，人也离不开社会人群。所以，个人与群体之间必须和谐相处才能健康发展。

社会心理学家研究表明，人际交往对于人的健康会产生协调和保健作用，人与人通过彼此间的交往，诉说各自的喜怒哀乐，可以增进相互之间的思想情感交流，协调相互之间的行为。一个人如果不会与人交往，不能建立起自己的人际关系，那么，他就很难在这个社会上立足。

孩子正处在学习知识、了解社会、探索人生的发展时期，与同龄人交往并建立友谊，是正常的心理需要。然而，在现实生活中，有不少孩子怕见生人，甚至与熟人谈话时都感到紧张、脸红、羞怯，不愿到人多热闹的场合。有时还会口齿不清、口吃、不敢抬头看人。严重时，甚至会出现惶恐不安、出汗、心跳加快、手足无措等现象。之所以这样，是因为他内心有一种恐惧感，也就是“社交恐惧心理”在作祟。与其说他不善与人相处，不如说他不敢主动独自与人打交道。

如果一个孩子产生社交恐惧感，那将严重阻碍他的成长发展。教育专家通过调查发现：乐于交往的孩子无论是在知识范围、语言表达上，还是在其他方面，均明显优于性格孤僻、不爱交往的孩子。因为乐于交往的孩子既能够接受别人，也易被别人接受，他们善解人意、热情友好，拥有很多知心朋友；而孤僻、独来独往的孩子，很少想到他人，不易跟人交往，很少有朋友。

孩子的精神面貌也是在与人交往中逐渐形成的，如果缺乏交往的体会，孩子的心理就会往另一个方向发展，变得对外界事物缺乏兴趣，反应迟钝。

因此，父母要帮助孩子克服社交恐惧心理，培养孩子良好的交往品质，让孩子喜欢与他人交往，能同大家合得来、融入群体，这样他才能走上健康成长的道路。

那么，具体来说，家长应该如何帮孩子克服社交恐惧心理呢?

1. 建立一个善于交流的、和谐的家庭氛围

由父母和孩子组成的三口之家，就是一个社交小团体。如果夫妻之间，父母和孩子之间，或者父母和老人之间常常保持畅通的交流，并呈现出一种轻松、愉悦的交往模式的话，孩子就自然会从我们的行为中学会如何与人相处，那么他的社交能力自然不会太差。

相反，如果我们制造了一个死板的、没有交流的家庭环境，孩子就以为人与人之间原本就如此，但当他看到别人自如地与人交往的时候，就会因发现了自己的不同和不足而自卑，进而不敢像其他人那样轻松地与人交往。

所以，别小看父母在家庭里的表现，这些表现往往对孩子起到的是潜移默化且至关重要的作用。那么，父母就要和其他家庭成员一起努力，打造一个善于交流的、和谐的家庭氛围，让孩子不存在不敢与人相处的问题。

2. 给孩子创造与人交往的机会

彬彬从小性格内向，一直也没有与他人交往的欲望，总喜欢自己一个人玩耍。随着年龄的增长，他似乎开始渴望交朋友，有时，他会站在窗口看楼下其他小朋友踢足球。

妈妈看出了彬彬的心思，就特意在周末安排了一个小型的家庭聚会，邀请比较熟悉的邻居和朋友带着孩子来做客。妈妈还特意为小朋友安排了一些适合他们的活动，并鼓励彬彬做好小主人。

出乎意料的是，这次聚会很成功，大家都玩得很开心，特别是彬彬，他似乎借此机会交到了朋友。

对于性格内向，又渴望有自己社交圈的孩子而言，父母就要为他创造一些与人交往的机会，而邀请朋友来家中做客就是很好的方式。因为，孩子在自己比较熟悉的环境中很容易放松，加上又有做小主人的责任感，他就会试图与人交往，他的恐惧心理就会在每一次尝试中逐渐克服。

此外，父母也可以以家庭为单位，和朋友们相约去大自然走走。孩子们可以借助大自然这个天然游乐场来增进了解，促进感情。

3. 别让孩子被交友失败的阴影所笼罩

有的孩子原本没有社交恐惧，但有过一次或几次失败的交友经历后，就不愿与人交往了。对于这种情况，我们要想办法帮助孩子找回自信，重新建立朋友圈。

珍珍原本有几个比较要好的同学，但是有一次，几个同学合起来指责珍珍爱占小便宜。原来，珍珍分别借过他们的一些东西，但没有及时归还。次数多了，同学们便有了意见。

被指责后的珍珍觉得很没面子，一气之下就疏远了同学。而同学们也不主动去找珍珍玩，珍珍因此很受打击，失去了和朋友交往的信心。

妈妈知道后，鼓励珍珍主动去找同学和解，并大方承认自己的错误，保证自己会改，希望大家能够原谅。

珍珍鼓足勇气按妈妈说的做了，同学们被珍珍的诚意所打动，和珍珍拉拉手，又做回了好朋友。

如果孩子有交友失败的经历，作为家长不应说："算了，算了，他们不和你玩，你就找别人玩呗！”这种说法是一种逃避，孩子自身的问题并没有得到解决。因此，父母应该深入了解孩子被人排斥的原因，并鼓励他改正缺点，以崭新的面貌重新建立朋友圈。这样，孩子在重新被接纳的同时，社交恐惧心理也就自然克服了。

4. 鼓励孩子多参加集体活动

参加集体活动是最能锻炼孩子交际能力的方法，因为在集体中，孩子要与其他人进行互动，要与人交流、配合，从而促进孩子积极调整自我、提高自我。父母要教育孩子，把自己融入到集体生活中，多做一些自己能做的事情，少指挥人，当别人遇到困难时，主动帮助别人，这样才能赢得更多的朋友；如果有的伙伴对自己态度冷淡，也不必介意，应该坚持服务于大家，久而久之，别人就会对自己热情起来。

让孩子学会自己去处理矛盾

争吵发生在一堆积木、一个玩偶和两个小姑娘之间。5岁的芳芳搭了一个城堡，但她的城堡却搭到了丽丽过家家的“操场”上。丽丽拿着玩偶小马，一下就冲撞到芳芳的城堡上，把它撞得稀里哗啦。“你撞散了我的城堡!”芳芳几乎咆哮起来。“可那是我的小马跑步的地方!”丽丽也非常愤怒。芳芳一把拿走了丽丽的小马，不还给她，丽丽大声地喊着：“还给我!还给我!”这时该怎么办呢?

有的父母也许会想，这时最佳的解决办法就是：要么没收丽丽的小马，要么警告芳芳到其他的地方搭积木，总之，分开她们，让她们不要互相打搅，也就不会再继续争吵了。但专家认为，让孩子自己去学习处理发生在他们之间的矛盾，要比直接介入去为他们解决、告诉他们具体需要做些什么更好。

孩子在与人交往中，总会遇到各种类型的人际问题，而学会用适当的方法处理问题，保持与他人的友善关系是孩子必备的能力。这种能力是从小练成的，但是，成人用插手的方式会使孩子失去练习的机会。

在德国幽默大师埃·奥·卜劳恩创作的连环漫画《父与子》中，有一幅画面描绘的是，两个小孩打架，打完之后都各自回家告状。不一会儿，孩子带着各自的爸爸来见面，爸爸们开始评理，接着开始吵架，最后升级为打架。打着打着，转过身一看，咦？两个孩子像没事人一样，又一起玩耍了。

这幅漫画带给很多父母不小的启示，它让我们知道，孩子之间的矛盾和冲突根本没有我们想象的那样大，而且是特别容易化解的。但是恰恰因为我们爱子心切，害怕孩子受到伤害，担心孩子不会处理，于是不顾一切地挺身而出，用成年人解决问题的方式解决孩子之间的问题。殊不知，我们的插手不但锻炼不了孩子解决问题的能力，还会让他因越加依赖我们的保护而丧失自我保护的能力。这样发展下去，孩子不但会变得更脆弱，也会因不会处理矛盾而感受不到与人交往的乐趣，渐渐成为不善社交的人。

所以，面对孩子之间的矛盾，家长不要插手，要给他们自己解决的机会，让他们从中学会自我保护，学会沟通协调，在实践中学会与人交往。那么，当孩子间发生矛盾时，家长应当怎样做呢？

1. 帮孩子分析问题根源

4岁的亮亮正津津有味地玩着几辆玩具汽车，在一旁看了半天的邻居磊磊忍不住拿起其中一辆也玩了起来。亮亮马上想抢回来："这是我的玩具，不给你玩"磊磊也不示弱，坚持不给……

如果父母采用没收玩具的方法，也许能很快制止孩子们的争吵，但或许孩子以后还会因为其他原因，或者其他事情再次争吵起来。所以，关键是要让孩子认识到问题究竟出在哪儿，然后自己想办法解决。

不妨让孩子们坐在一起，让他们各自说说为何要争吵，这样做的好处在于让孩子能够彼此倾听对方的想法。

父母可以用一些有帮助性的问题来引导孩子解决当下的问题，例如，"亮亮你能不能和磊磊一起想一个不要吵架也能玩得开心的办法呢"？

让孩子自己想办法，互相商量，取得想法的一致。这样做的好处在于能够让孩子懂得，以后再碰到类似事件该如何解决。

2. 启发孩子想办法解决

星期天，5岁的小军和小伙伴们在草地上一起踢球，妈妈在一旁和邻居聊天。突然，小军叫喊着跑到妈妈面前："小华刚刚踢了我一脚！"这时，小华也跑上前来："是他先骂我的！"

如果妈妈为了平息孩子们的争执，对小军承诺：如果你能和小朋友一起好好玩，我就给你买你最喜欢的玩具。可是这样做，永远达不到帮助孩子成长的效果，甚至会让孩子产生错觉：就算是表现不好，也能得到好处。

因此，如果孩子间起了纷争，家长首先要让孩子说清发生争执的原委。一旦了解了事情的真相，妈妈可以有针对性地帮助孩子们认识他们之间发生矛盾的原因，尤其是他们各自存在的问题。可以告诉孩子，骂人和踢人都是不友好的表现，不能因为别人先做错了，自己就可以做不好的事情。然后在孩子们都认识到自己的问题后，让他们学会向对方认错、道歉。

在这个过程中，妈妈应多用"你有什么好的主意""你觉得你们应该怎么做"等提问，让孩子感到自己有权利也有责任去思考如何解决自己的问题。

3. 让孩子自己面对矛盾

游戏场里，3岁的欢欢见娟娟小姐姐在秋千上玩得很开心，她也想玩，但娟娟就是不肯下来。没办法，欢欢只得到妈妈那儿求助，希望妈妈叫娟娟下来，让自己也能玩一会儿。

如果此时欢欢妈妈上前叫娟娟下来，让给欢欢玩，容易引起孩子之间的嫉妒和不平衡。也容易纵容孩子养成一遇到困难或麻烦，就本能地找父母或老师解决的习惯。

孩子之所以喜欢找成人解决问题，主要是他们害怕与其他小朋友打交道。其实，孩子在很多时候要比成人想象中更懂道理，只要父母告诉他们："玩具要和大家分享。"或者让受委屈的孩子直接对小朋友提出"我们应该怎么做”的建议，这样会让他更自信。下一次，他也就有了勇气自己去处理和小朋友之间的矛盾了。

4. 别数落孩子的懦弱

当孩子哭着向我们寻求帮助的时候，虽然我们不轻易插手孩子之间的矛盾，但也不能数落孩子：“你怎么这么老实啊？你太懦弱了！还哭，哭能解决问题啊？”孩子听了这样的话，心里会更难受，他原本因无能为力而向我们诉苦，没想到得不到我们的理解，反而还被数落了一顿，下次，他再被欺负了，恐怕也不会告诉我们了。

所以，我们不要指责孩子，而是听清他的描述后，告诉他下次该如何做，把能具体落实的办法教给他，让他知道，自己在遵守游戏规则的前提下，无须作无谓的让步，如果被人欺负了，自己有反击的权利，当然不一定是动手还击，可以借助语言或其他方式警告对方。如果这个伙伴很霸道，又有暴力倾向，要建议孩子敬而远之。

当孩子懂得一些与人相处的规则之后，遇到问题就不会只是无助地哭泣了，他的内心会变得强大，也会知道该如何保护自己，捍卫自己的权利。这样的孩子往往会赢得尊重，受到欢迎。

PART 7

学会理财和消费，让孩子成为理财小专家

培养孩子的财商很重要，所以理财教育要尽早。

理财教育要尽早

有些人成年之后，能妥善处理和钱的关系，知道怎么挣钱，怎么花钱，怎么借钱，也知道要控制合理的负债比例。可有些人成年之后，且不要说突然给他(她)中个百万元大奖该如何分配，甚至稍微赚得多了一点儿之后，都茫然不知所措，不是一味挥霍就是一味节约。

同龄的年轻人之所以会产生如此的差异，就是因为在他们从小成长的过程中，父母没有能够给予他们接触钱、自主支配钱的机会。

大部分父母觉得孩子只要学习好，其他事情都可以商量甚至放任不管，其中包括孩子的一切花费，全由父亲或母亲代为处理，或是孩子要多少钱就给多少钱，且没有一点儿使用上的指导。如此一来，孩子对于钱的多少根本没有概念，进入社会初期还是如此；或者因为大手大脚惯了，对于挣钱的辛苦无法理解，进而可能因此影响自己的择业观和人生观。

英国有个新闻，说英国包括抵押、个人贷款和信用卡消费等在内的个人债务总额每4分钟就增加100万英镑(约合1300万人民币)。每7分钟就有一个英国人因债务缠身，无法解脱而破产。英国已经有200多万人负债严重，处于终生还债状态。英国媒体在检讨此事时说：“越来越多的成年人陷入经济困境，这更提醒父母们，儿童时期的理财教育非常重要。”

美国父母希望孩子早早就懂得自立、勤奋与金钱的关系，把理财教育称之为“从3岁开始实现的幸福人生计划”。美国每年大约有300万中小学生在假期打工，他们有一句口头禅：“要花钱打工去！”所以在美国，周末常常会有邻里摆卖活动，各家约好把用不上的东西摆出来卖。有时候，会看见一些孩子摆着一整套玩具，还卖一些妈妈烘烤的饼干、自榨的果汁等。大人们去买，一点儿也没有表露出儿戏的表情，孩子们张罗，点钱，倒果汁，一点也不含糊，也没有什么异样的感觉。

日本人教育孩子也有一句名言：“除了阳光和空气是大自然赐予的，其他一切都要通过劳动获得。”许多日本学生在课余时间都要在校外打工挣钱。所以，我们的家长朋友也不要羞于和孩子谈“钱”。要知道孩子走上社会以后，独立成家以后，必然要和“钱”打交道。

孩子们的学校教育和课本中，没有“理财”这一课，家长们就该为孩子补上这一课，从小培养孩子的财商。“三岁不早，六十不老”是一句形容理财无长幼的老话，那些学历虽高但初入社会便负债一身的人不在少数，因此美国的理财专家也把理财形容为“从3岁开始的幸福人生”。

西方教育专家认为，儿童应从3岁开始经济意识教育，主要教理财知识，并制订了各年龄阶段的教育计划：

3岁：辨认钱币，认识币值、纸币和硬币。

4岁：学会用钱买简单的用品，如画笔、泡泡糖、小玩具、小食品。最好有家长在场，以防商家哄骗小孩。

5岁：弄明白钱是劳动得到的报酬，并正确进行钱货交换活动。

6岁：能数较大数目的钱，开始学习攒钱，培养“自己的钱”的意识。

7岁：能观看商品价格标签，并和自己的钱比较，确认自己有无购买能力。

8岁：懂得在银行开户存钱，并想办法自己挣零花钱，如卖报、卖小物件获得报酬。

9岁：可制订自己的用钱计划，能和商店讨价还价，学会买卖交易。

10岁：懂得节约零钱，在必要时可购买较贵的商品，如溜冰鞋、滑板车等。

11岁：学习评价商业广告，从中发现价廉物美的商品，并有打折、优惠的概念。

12岁：懂得珍惜钱，知道钱来之不易，有节约观念。

12岁以后，则完全可以参与成人社会的商业活动和理财、交易等活动。

由上述计划可看到，西方社会对儿童的经济意识教育比较看重，这与西方社会商品经济发达有关。钱和日常生活密不可分，儿童的观察能力很强，对钱产生的印象早于其他事物，因为钱能给儿童带来直接的好处和利益，家长只要带着孩子逛几次商店，钱的用处便牢牢树立在儿童心中。

教孩子学会自己买东西

当今的孩子生活在精彩而丰富的商品世界之中。在幼儿园或者学校见到的是同伴们不断翻新的玩具和学习用品；回家时则置身于父母所创造的物质享乐海洋；打开电视机，又是令人目不暇接的商品广告……这样的“花花世界”将潜藏在孩子幼小心灵深处的物欲刺激得日益膨胀。

时代的发展和社会的进步，已经现实地把孩子的自主消费问题摆在了每一位家长面前。为了培养孩子正确的消费观和正确的消费行为，使孩子今后成为一个既不视钱如命、见钱眼开，又不挥金如土、视钱如纸的人，越来越多的家长开始相信：给孩子钱的同时，更要教给孩子合理支配钱的方法和能力。

1. 抓住时机指导消费

对于孩子们来说，买学习用品是他们最多的消费机会。作为父母，可以利用这个机会进行购物指导，无须刻意作什么准备，随意性强，实际效果好。当孩子的学习用品不缺，但因为羡慕别人的橡皮形状好，别人的直尺色调美，或者别人的文具盒高级时(这是孩子中常常发生的购物情形)，父母可以抓住机会，与他谈心，适时引导。

总之，在孩子的学习、生活中，当孩子需要购买东西时，父母可在给孩子钱的同时，根据实际情况，抓住机会，进行必要的消费指导。

2. 寻找时机指导消费

我们常常会发现，今天某同学买了一支漂亮的钢笔，第二天、第三天，教室里就会出现相同的钢笔，甚至比他的更好看、更高档。这是纯粹的羡慕、攀比心理在作怪，没有真正的购物之需。因为羡慕和攀比而盲目购买，这不仅浪费钱，还会影响孩子的学习状态，注意力不集中，想着法去买东西，要和别人一样，甚至比别人更好。

父母对孩子这种心理，应该及早发现，及早指导，不要让这种心理影响他的学习。

3. 搜集信息指导消费

当今的广告铺天盖地，商店星罗棋布，孩子面对的诱惑真的很大。与其躲躲藏藏，还不如让孩子直面诱惑，正确地指导他学会比较，学会选择。校门口的商店、电视的广告，所呈现的商品有质优价廉的，也有以次充好的。让孩子自己或帮助他们搜集一些信息，让他们明白商品价格有高低，质量有优劣，零售价和批发价不一样，还可以打时间差。让他们自己对比、评价，孩子们一定能睁大眼睛，明白购物时需要“多长一个心眼”。

培养孩子从小储蓄的好习惯

现在的孩子，每个都是小财主。平时零用钱不断，逢年过节，又会收到不少的红包。对于孩子的这些钱，家长大多采取两种方法：一种是采取完全的民主，不干预孩子这些钱的使用；另一种就是没收大部分代为管理。其实，家长可以采取第三种办法，那就是鼓励孩子定期地有规律的储蓄。这样既能防止孩子盲目乱花，又能养成储蓄的好习惯。

储蓄是理财的最基本部分，所有的理财规划，都是从储蓄、投资开始的。任何时候都不能低估储蓄的威力，无论你从多小的数目起存，复利都能将这些小钱变成大钱。

有人曾问美国的大富翁汤莫斯："成功的秘诀是什么？"他的回答是"储蓄""12岁那年，我把参加工作的第一笔薪水全部存起来，我从小就养成储蓄的习惯。成功属于有准备的人，机会总向储蓄的人敞开大门。"

为了未来而储蓄，为了储蓄而节俭，耐心等待，最终必将得到回报。拿这些钱做投资也好，作为过安定生活的生活费也好，它将会充分发挥作用。所以储蓄被称为"等待的美学"，为准备未来进行的"特别的忍耐"。然而，面对市面上的种种诱惑，到处都有想要的东西、想做的事情，即使是大人都很难克制花钱的欲望，更何况是孩子？

韩国曾经对青少年做过调查，结果显示有一半以上的青少年根本没有储蓄的习惯。他们中83.8%的人都拥有自己的账户，但是49.2%的人拿到零用钱也不会存起来。即使有储蓄，也只不过是九牛一毛，57.9%的人只能存零用钱的10%，越到高年级，存钱的孩子越少。受访者中，哪怕只是一点点也好，能把收到的零用钱存起来的小学生有60%，但到了高中，这个比率就骤降到40%。

每一个富人都是擅长储蓄的人，因为没有储蓄资金，就无法启动投资项目。如果孩子将大量的收入用于购买奢侈品，那么用于储蓄和投资的钱就少了。穷人正是这样产生的，无论你现在有多少财富，如果不懂得储蓄，终有败尽的一天。因此，父母必须从小就开始培养孩子良好的储蓄习惯。那么，父母该如何培养呢?

1. 引导孩子把零钱放进储蓄罐里

当孩子有几角、几元或者几十元的时候，引导孩子把零钱放进储蓄罐里，并养成习惯。久而久之，当有一天孩子发现钱罐里原来有数目不少的钱时，他会觉得很惊喜，会充满成就感，因此会更懂得珍惜金钱。

2. 储蓄优先

孩子和大人一样，都会把储蓄这件事延后再做，结果到最后才发现自己没钱可存了。所以应当帮助孩子在做其他事之前先把钱存起来。孩子长到3岁，父母便可以用家里的钱和他玩储蓄游戏。鼓励孩子将自己的积蓄存到家中的“银行”，用孩子的名义开一个“账户”，让他有自己的“存折”，并妥善保管。到6岁时，应该让孩子理解，把钱存到银行里，不是银行把钱“拿走”了，而是把钱安全地存放起来，并使之有所增加。

3. 让孩子把钱存到银行

家长可以告诉孩子，他的存款可以帮他实现一个大的心愿。比如买脚踏车、玩具等，帮助他从每个月的零用钱规划出时间表，估计大约花多少时间可以实现梦想，建立孩子的理财目标。同时，家长要让孩子懂得把钱存进银行的好处：安全；可以使钱增值；可以提供便利的服务；可以减少乱花钱的次数。

最后，需要家长注意的是，在鼓励孩子节约消费、增加储蓄，从小建立正确的使用金钱的好习惯时，也别忘了要以身作则。

让孩子参与家庭的“经济管理”

一说到让孩子参与家庭的“经济管理”，很多父母都纷纷表示摇头，说道：“孩子懂什么？”让他参与进来，还不全顺着他的意思来？那钱还不乱花？”“平时说他他还不听话呢，这要是让他管了钱，他还不把所有事都办糟了？”“可不能让孩子管钱，万一丢了怎么办？”

事实上，父母们想得太多了，他们都没有让孩子试过，又怎么知道孩子管不好钱呢？如果让孩子参与家庭理财的过程，孩子就能感受到一种全方位的理财计划，它不同于自己的零用钱花销，因为它涉及家庭中的每一个成员和家庭中的每一项计划。

即使孩子真的不会管钱，一次亲身经历也会让他清楚家庭一天的正常开销是什么，同时也让他明白怎样使用钱财才是最佳消费模式，从而增强了孩子对家庭的责任感。孩子就会学会换位思考，在未来的生活中，他也许就不会再盲目地提出不合理的消费需求，也许他还能学会更合理地支配自己的零花钱。

所以，父母应当学会让孩子参与家庭的“经济管理”，帮助孩子分析，指导孩子去理财，这样孩子就能成为理财的小能手。那么，父母应当怎样做呢？

1. 不要忌讳和孩子谈钱

在我们的传统观念里，和孩子谈钱似乎抹不开面子，也有违常理，尤其是那些独生子女家庭，孩子从来是伸手向父母要钱，有些孩子甚至长大成人走上工作岗位后仍伸手向父母要钱，至于结婚、买房、买车更是要父母给予“无私赞助”，要的理所当然，几乎无须付出任何代价，给的也无怨无悔，没钱，借也要满足孩子，根本不觉得这有何不妥，觉得反正就一个孩子，钱不给他用给谁。这是典型的中国家族式传统理财观念，表面上看似乎没有错，其实不然，此举不但容易使孩子养成不劳而获的惰性，更为重要的是，使他们的社会独立能力大大下降。

所以，父母应尽早让孩子对金钱有明确的认识，他就能理性地对待金钱。父母要告诉孩子真实的家庭收入、计划和开销，让孩子知道如果每个月超支，就会入不敷出，生活的某一方面可能就会受到影响。

比如，如果用于家庭日常开支的钱多了，就可能没有了还房了贷款的钱，可能没有了支付保险的钱，可能没有了给孩子交学费的钱等。父母要让孩子知道，每一笔钱都有它的固定用途，不要无端地让某方面的钱超支。

2. 和孩子一起记好家庭开支的账目

父母平时也应该养成良好的记账习惯，平时的家庭开支都能够一目了然地反映出来。账本上清楚地记载，每月的工资金额有多少，生活费用花费了多少。然后可以把账本放在家庭成员都知道的一个位置，父母应该鼓励孩子经常地翻看账本，明白家里的收支情况，让孩子也成为关心家庭财务的一员。

3. 让孩子参与家庭投资

父母可以根据实际状况，让孩子参与家庭投资。孩子亲自参加到理财计划中来，就会对理财有清楚的认识，在消费上就会比没有理财计划的人理性。现在针对孩子的投资理财活动有很多，父母可以帮孩子选择一个适合他的，让他也为未来积累下资本。

春节过后，超超收到了2500元的压岁钱。他从中拿出了500元，其他都交给了妈妈。因为妈妈要给他买一份教育基金，这份基金能保证他上大学的开销。以前的压岁钱，超超都会在短期内挥霍完。妈妈意识到培养孩子的理财能力的重要性，为了让孩子能够把今天的钱翻倍再翻倍，用于明天的正当消费，她为孩子选择了这项投资。

现在孩子8岁了，妈妈每年投资2000元，到超超18岁时，他就能用这笔钱去读大学，到时会返回十万多元钱。妈妈把这个计划告诉了超超，他也很赞成，希望靠自己的储蓄完成大学学业。

让孩子参与投资，孩子才会对投资理财有更清晰、明确的认识，不仅能对当前的金钱有明确的计划，而且能为成功理财奠定基础。因此父母在生活中，要让孩子知道什么是理财、怎样去理财。

4. 让孩子为家庭财务献言献策

父母在向孩子公开了家庭的财政收支状况之后，孩子肯定也会有一些自己的想法。父母要以鼓励的态度，来听取孩子的一些观点和意见。这些也是孩子在费了心思之后，才得出的一些财经结论。父母可以积极采用孩子的有利观点，并对孩子提出表扬。而对他们一些不成熟的观点也可以明白地告诉孩子，不成熟在哪儿，如何改进。

父母的这种做法，就是对孩子积极参与家庭理财的一种鼓励。这样能够让孩子从小就加入到理财培养的道路中来，从而锻炼他们良好的“财商”能力。

5. 有机会让孩子做一次家庭“财务主管”

当孩子了解了“家底”后，对家中理财也有了自己的见解，父母就可以找一个合适的时间让孩子持一次家，做一次家里的“财务主管”。

父母可以选择假期或休息日，让孩子能安心去“持家”，也可以在一旁给予相应的指导。需要注意的是，既然已经决定让孩子持家一段时间，那么父母就不要总在一旁指手画脚了，要“听从”孩子的安排，可以给予建议，但不要强硬地让孩子做这做那，要能真正放开手。

当孩子得到体验之后，还应当及时开总结会，让孩子说说他的感受，父母要表扬他做得好的地方，同时帮他分析哪里做得不算好，使他明白持家不易、挣钱不易，从而理性消费，早日学会理财。

另外，当家后的理财经验能让孩子学会换位思考。这有利于孩子在以后的生活中，能够更客观地看待父母的决定。他们也不会再向父母提出过高的不合理的消费需求，而且还能更好地支配自己的零花钱。

让孩子体验赚钱的艰辛

在中国的家庭教育中，父母大多把孩子当成心肝宝贝．不舍得让孩子去吃苦赚钱。父母认为，孩子只要努力读书就行了，长大后再赚钱，父母不需要他们去养家糊口，也不愿意看他们受累。

其实，这种观点是错误的。孩子自己不尝试赚钱，就很难知道赚钱的艰辛，也不懂得珍惜手里的钱。父母让孩子挣小钱，并不是真的需要孩子的这些钱来贴补家用，而是要让孩子体会赚钱的艰辛。

不亲自去赚钱，就不知道金钱的真正价值。让孩子自己赚钱，就是要让孩子知道每一分钱都来之不易，无论是别人给的还是自己挣的，都应该珍惜。

有一个经典的理财故事，讲述了一个父亲教育儿子赚钱的经过。

木匠已经年迈了，可是儿子却整天都懒洋洋的，除了睡觉，就是到处闲逛。木匠看在眼里，急在心里。

一天，木匠把老伴叫过来，唉声叹气地说："我们的儿子一无所长，又懒，真没出息。如果他不学着干活儿，家产迟早会被他吃空，到时候他自己也会饿死。我们都老了，应该让他自己赚钱了。从今天起，就让他自己去赚钱吧。"

母亲心疼儿子，她偷偷地塞给儿子一点儿钱，说："你到外面去过一天，回家时把钱交给你父亲，就说是自己挣来的。"

儿子晚上回来，把钱交给父亲。父亲拿着钱，放到鼻子前闻一闻，说："这不是你自己挣的钱。"然后把钱扔进了灶炉里。

第二天，母亲又给了儿子一点儿钱，说："你今天到处跑跑，晚上回来时就疲倦了。你父亲就会信以为真了。"

儿子晚上回来，又把钱交给了父亲。父亲又闻了闻，说："你又骗我了，这钱绝不是你亲手挣的。"说着，又把钱扔进了灶炉中。

母亲知道自己不能再宠着儿子了。儿子没有赚钱的体验，不懂得赚钱的艰辛，再怎么装也装不像。于是，母亲对儿子说："你骗不了你父亲。你还是找个地方干活儿去吧！向别人学艺，自食其力，不管挣多少钱，你都拿回来交给父亲，让他知道你能挣到钱。"

儿子开始到处找活儿干。在接下来的时间里，他帮人干家务，帮人下地干活儿，向农民学习犁田的技巧。10天过后，儿子拿到了一些钱，满怀希望地回家，希望得到父亲的赞赏。

父亲接过钱，拿到鼻子前闻了闻，什么话也没说，就直接把钱扔进了灶炉。

“不！”儿子焦急地扑向灶炉，拼命地从火中抢回钱：“你为什么要烧我的钱呀？这些都是我辛辛苦苦挣来的！”

父亲看着儿子，笑了。他说：“现在我相信了，这些钱是你亲手挣的。因为你懂得了赚钱的艰辛，所以你才会对它如此珍惜，不顾一切地去火炉中抢回它。现在，我不会再为你乱花钱而担心了。”

木匠的儿子对母亲给的钱被烧时无动于衷，因为他不懂得那些钱的来之不易。但是，他却对自己挣的钱视如生命，因为他为之付出了辛勤的劳动。这就是懂得赚钱的辛劳与否的差别。在教育孩子的过程中，如果孩子不懂得金钱的来之不易，不知道节约，不珍惜每一分钱，那么就不妨让孩子自己去挣一些小钱，从这些体验中，他们才能真正明白赚钱的辛苦。

钱如果来得太容易就不会珍惜，所以在理财中，如果心中觉得这是“辛苦钱”就会更珍惜。美国洛克菲勒财团的创始人洛克菲勒16岁时，曾经想方设法寻找致富之路。有一天，他在报纸上看到有一本宣称是发财秘诀的小册子，他便匆匆前去购买。买回家一看，全书仅印有“把你所有的钱当作辛苦钱”几个字。洛克菲勒感慨万分，并把这个当作家训，要他的子孙后代牢记。

人们都有这样的心理，对自己的付出分外珍惜。付出的越多，便会越珍惜。因为他们在付出的过程中不仅投入了辛勤的劳动，而且融入了感情和心血。所以，当他们在面对自己的收获时，就会倍加珍惜。

孩子也是一样，如果孩子一直都是衣来伸手，饭来张口，要钱就有，那么就可能随意花钱，不懂得节约。

帮助孩子体验赚钱的艰辛，让孩子通过正当手段获得收入，是一种很好的教育孩子的理财方式。在美国，很多父母都将自己家里不需要的东西拿出来卖，小孩子也会把自己不用的玩具等摆在家门口出售，以获得一点儿收入。有的孩子帮忙送报以得到一些报酬。有的孩子会承担家里付钱请钟点工的工作，如割草、洗车、清理车库、漆墙壁、修剪花园等，父母都会付给孩子相应的报酬。

在日常生活中，父母随时可以加强孩子的劳动赚钱教育。父母可以带着孩子一起劳动，把请人做的活儿做完，和孩子一起分享省下来的钱，这些都是培养孩子体验赚钱艰辛的方法。

在教育孩子赚钱的同时，要注意把握孩子做家务与赚钱的区别。如果是普通的日常家务，就不用给孩子钱。因为那样会让孩子认为为家里做任何事都是可以赚钱的。

父母还可以通过让孩子参观自己的工作场所，或者利用假期让孩子去勤工俭学，让孩子亲身体验挣钱的不易，这样能有效减少孩子的冲动消费。

抑制孩子的攀比心理

现在的孩子攀比消费现象非常普遍。

小乐快要过生日了，这天，一回家就冲爸爸喊：“爸爸，您打算怎么给我过生日啊？我们同学过生日的时候，就看谁最气派，谁花钱最多，请的朋友最多，去的饭店最好。”

爸爸听了小乐的话稍微有点不快，但还是耐心地问：“孩子，你想要什么礼物啊？”

小乐说："现在很多同学家里都有电脑，大家没事就经常在一起比赛，看谁的电脑玩技高，谁的电子游戏得分高。还比谁懂的网络知识多，谁认识的网友多。我们班里很多同学都会上网，大家经常交流谁知道更多更好的网站，我一句也插不进去。要不这样，您今年就不用请我们同学去饭店吃饭了，给我买个电脑吧，爸爸！"

爸爸："孩子，你渴望接受新生事物的心情爸爸很高兴，电脑也不是不可以买。但如果你想跟同学攀比，看谁家有钱，爸爸坚决不答应。"

相信很多父母都遇到过孩子哭闹要一个玩具、一件衣服，甚至是他根本用不到的东西，买了就新鲜一会儿，然后就扔在一边，但不买又不行。他还会很有性格地告诉你："我们班同学都有"或者"我们班谁谁谁就有"！弄得父母们十分头疼，其实这就是孩子的攀比心理在作怪。

攀比心理是一种"人有我也要有，人好我要更好"的比较心理，它隐含着竞争、好胜的心理成分。

专家分析，孩子有攀比心理也比较正常，由于现在的孩子大都是独生子女，父母对孩子是有求必应，什么事情都满足孩子，零花钱一给也是几百几百的，即使条件比较困难的家庭，也不轻易拒绝孩子的要求。如果一味地满足孩子的攀比心理，孩子要什么给什么，只会助长孩子的贪婪欲望和虚荣心理。攀比消费所产生的不良后果将深深影响孩子良好性格的形成，孩子的身心就无健康发展可言。家庭条件比较不好的孩子容易产生自卑心理，不合群，性格内向，会对社会产生极端的想法，认为社会不公平，影响了孩子性格；家庭条件比较优越的孩子容易看不起人，情绪波动大，动不动就发脾气，责任心不强。

因此，父母一定要抑制住孩子的攀比心理。那么，父母应当怎么做呢？

1. 父母要做好榜样

孩子天真无邪，心灵纯洁，模仿能力、好奇心较强，如果父母自己喜欢跟别人攀来比去，随便花钱，那么孩子也会跟着父母学。父母的一言一行，孩子都看在眼里，并且模仿学习。因此，要想让孩子不攀比，父母自己首先就要给孩子做个表率。

2. 尝试采用“反攀比”

孩子们在攀比的时候，最典型的理论就是“别人都有，所以我也应该有”。因此，别人买了新书包，我也应该有；别人买了名牌服装，我也应该有；别人有了新式玩具，我更应该有。这时，无论父母如何解释，因为孩子的心理和行为往往受情绪控制，缺乏理智，不能理解人的需要的满足是受一定条件限制的，因此很难一下说服。对付这样的孩子，比较快速生效的办法是进行反攀比。比如，用孩子的长处去比别人的短处，用孩子进步的一面比别人退步的一面，用孩子有的东西比别人没有的东西，等等。

3. 改变攀比兴奋点

孩子有攀比的心理，说明孩子的内心有竞争的倾向或意识，想达到别人同样的水平或超越别人。父母应当抓住孩子这种上进心理，改变孩子攀比吃穿、消费的倾向，引导孩子在学习、才能、毅力、良好习惯方面进行攀比。比如当孩子埋怨老师经常表扬某同学时，父母可以和孩子一起研究，列出这个同学的优点，让孩子暗中努力和同学比一比，看能否超过他。又比如当孩子和同学比穿着时，父母可以从穿着整洁美、颜色的搭配美等方面去改变攀比兴奋点。

4. 引导孩子纵向攀比

不妨多鼓励孩子自己和自己比。例如，让孩子今天和昨天比，这个月和上个月比，本学期和上一学期比。在特殊的攀比中，孩子会经常看到自己的进步，原来不会的拼音现在都会了，原来不认识的字现在都认识了，原来不懂的道理渐渐懂了。这些比较都可以让孩子获得进步，自信心也会增强，并在欣赏自己的过程中努力超越他人。

让孩子学会管理自己的零花钱

俗话说，“穷养儿，富养女”。可如今，“富养”越来越深入每一个家庭。现在，很多小孩大都是独生子女，为了让孩子成为“人上人”，很多家长尽可能地满足孩子的各种要求。尤其在物质上，从不吝啬。可怜天下父母“薪”，在一次次慷慨地给孩子零花钱的同时，有没有想过，若不给孩子灌输正确的管理零花钱的观念，不培养孩子的理财能力，孩子势必会养成随意支配金钱的恶习。

相反，有些父母生怕孩子们乱花钱，总是监督着孩了的每一分花销，一旦发现稍有偏离，就马上制止他们。这样的做法看似帮孩子把钱用对了地方，但是，父母却忘了自己的介入，往往对孩子起不到什么培训作用，反而可能增加了孩子的依赖性。例如，在《美国女性》杂志里，就记录了一位女士小时候用钱的亲身经历：

“妈妈经常会给我和弟弟一些零花钱，为了让我们学会存钱，妈妈给我和弟弟各自买了一个存钱罐。而且只有当圣诞节时，或是家里有人过生日的时候，我们才能按自己的意愿拿这些钱去买些食品或者小礼物。但是，对于我来说，这些钱给我了就是我的，他们不应该再来管我把这些钱用在了什么地方。所以，我总是偷偷地从存钱罐里拿出一些钱，去买我想要的东西。偶尔想要和家里某个人分享我的战利品时，也只是让他一个人知道。

“但是我弟弟就完全不一样了，我觉得，简直可以用‘吝啬’来形容他，因为他从来不乱花钱。如果弟弟存钱罐的钱总是比我的多的话，妈妈很快就会发现我的‘小动作’。为了保险起见，我经常会从弟弟的存钱罐里拿出一些硬币，放到我的存钱罐里来保持‘平衡’。因为妈妈很少去数我们的存钱罐到底存了多少钱，所以，我的‘小伎俩’也从来没有被发现过。”

这个实例让我们看到，虽然在父母看来，孩子们的确如他们所愿没有乱花钱，而事实上这种做法可能使得孩子们做了比乱花钱更坏的事情——欺骗，因此并不是说不让孩子随心所欲地花钱就会万无一失了。

当孩子长到一定的年龄，有了生活自理能力时，自己支配零花钱就成为了一种客观且合理的需要。父母一定要利用孩子使用零花钱的机会，对孩子的零花钱进行必要的约束，同时不要阻碍孩子独立性的发挥，让孩子在支配零花钱的时候增强理财观念，培养独立自主的能力，并逐步树立自己的价值观。

园园今年8岁，上三年级。她每个星期有50元的零花钱，这对于孩子来说已经足够了。可是最近几个星期她的钱花得很快，不到一周的时间就会再向妈妈要钱。妈妈了解到她的零花钱是怎么花的之后，才明白孩子不会管理自己的零花钱。

通常，妈妈把钱给园园的第一天，她就会很兴奋地拿着钱去买自己喜欢的文具、零食，一点儿都不懂得规划，也不考虑一周有7天的时间，花钱没有节制。一般到周四左右，园园的零花钱就没有了，只能伸手向妈妈要。

妈妈为了锻炼孩子的理财能力，为园园准备了一个本子，把50元钱平均摊到每一天，然后让孩子根据数额支配每天的花销，这样就能防止园园不到周末就把钱花光了。

相信只要父母教给孩子正确支配零花钱的方式，引导他们合理使用零花钱，孩子就能在支配零花钱的同时培养出受用一生的理财能力。

那么，父母具体应该如何做呢？

1. 适时给钱

儿童心理学家认为，个别儿童在二年级就能妥当地支配零花钱，但一般在四年级的时候给零花钱较好，因为这个年龄段的孩子能计划到将来，能为今后的打算而暂时地克制自己，把零花钱存起来独立计划使用。

2. 适量给钱

给孩子零花钱绝不能随要随给，要定期，不宜多，不要认为爱孩子就要给他多一点儿零花钱，那样反而会助长孩子的浪费习惯和虚荣心理。比如石油大王洛克菲勒，他给孩子零花钱是：七至八岁每周三美分，十一至十二岁一美元，十二岁以上者才两美元。还发给小册子，每人需要记清支出账目，以备审查。凡钱账两清，用途正当的下周奖五美分，反之则减。

3. 让孩子用好零花钱

在孩子支配零花钱的过程中，原则上应由孩子自己决定零花钱的用途，不要硬性规定这不该买，那不能买。应该培养孩子逐渐掌握对各种事物的判断能力，孩子会用适当的标准来决定该买什么，不该买什么。否则会使孩子丧失自主性，只是一味地接受大人的价值观，只敢买家长不点头认可的东西，长大后很容易形成依赖性性格。另外家长还应懂得，孩子年龄越小，本能的生理需求越强烈，因为自我意识和社会化水平较低，所以在吃、喝、玩方面的行为就难以节制。这就要求家长要主动帮助孩子养成良好的用钱习惯，帮助他参谋计划买渴望买的东西。比如孩子渴望买一部学习机，你得和他算一算账，使他明白要积攒近半年的零花钱才可以达到目的，如果随便把这些零花钱花掉就买不成了。经常这样引导，孩子就会明白节约用钱的道理，并学会同父母商量计划用钱的方法。当他用积攒的钱买了非常喜欢的东西后，他的行为就在无形中得到了正面暗示性的鼓励。

让孩子养成节俭的好习惯

几年前，北京市一对年轻的父母带着刚上小学的女儿去逛街。在一个繁华的路口，有一位老爷爷正在卖《北京晚报》。父亲从口袋里掏出5元钱交给女儿，让她去买10份晚报。孩子买回晚报，父母跟她商量，让她按原价把晚报卖出去，看看要花长时间才能卖完这10份晚报。孩子在父母的帮助下费了几个小时才把10份晚报卖出去。然后，父母让孩子去问卖报的老爷爷，卖出一份报纸能赚多少钱。孩子从老爷爷那里得知，卖一份报纸只能赚几分钱。她算了一笔账，花了这么长时间才挣了几毛钱。孩子领悟了父母的良苦用心，她主动对父母说："爸爸、妈妈，我以后再也不会随便花钱了，挣钱太不容易了！"那对年轻父母是家庭教育的有心人。

现在很多孩子不懂得节俭，随便浪费的现象相当严重。在某所小学里，教师和校工在校园内捡拾的物品堆满了一间屋子，大至皮夹克，小至铅笔、橡皮等学习用品。学校多次广播要求学生去认领，却没有人去。在一次家长会上，校领导讲了这件事，最后只有几位家长带着孩子去认领，其他物品仍旧堆放在屋子里无人问津。

我国有句老话：成由勤俭败由奢。成功由勤劳节俭开始，失败因奢侈浪费所致，即使到了很富裕、很有钱的时候，这个朴素的真理也不会过时。节俭是一个人的重要品质，很难想象，一个从小大手大脚随便浪费的人能创造一番事业和建设好家庭。

孩子不懂得节俭，不能全怪孩子，责任也在大人身上。现在有些商家引领时尚，认为提倡节俭，抑制消费，不利于经济的发展。现在多为独生子女家庭，家长出于疼爱“独苗苗”，迁就孩子花钱自不必说，就连家长自身也往往产生了非合理消费的心理———攀比、从众、追时髦、喜新厌旧等。此外有些人对节俭与奢侈存在一些误解，以为节俭是贫穷的产物，以奢为荣，以俭为耻，凡事爱讲排场，其实他们并未真正理解节俭的意义。俭是节约不浪费，节是节制而有度，这种理性的生活态度，是无论古今、穷富都值得大力提倡的。

哈里的祖父洛克菲勒是美国洛克菲勒财团的董事长，父亲是曼哈顿公司的经理，他们不仅自己生活节俭，也不允许子女们铺张浪费。这个家族有个家规，孩子18岁以后经济完全独立。哈里是美国哈佛大学经济系的高材生，他曾经到纽约港曼哈顿码头参加劳动，开吊车把集装箱从货轮上卸下来。他说：“我父亲年轻时比我更苦，当年他在普林斯顿大学读书，为了交付昂贵的学费，每到假期就到密西西比河的货轮上当水手，干着最脏最累的活儿，这样才读完大学。祖父虽有钱，但我从不伸手向他要。”英国王子威廉10岁时就放弃了宫廷生活，按女王的要求去住宿学校读书，每隔三周才能回家一次，一学期只有9英镑的零用钱。他幼年时使用的婴儿车还是父亲30年前用过的那一辆，玩具也是父亲当年玩过的木质玩具，节日礼物多为廉价品。

学会节俭对于孩子的健康成长影响极大。节俭可以使人集中精力，把身心投入到学习和事业中去，关系到一个人一生事业的成败。节俭可以培养一个人坚强的意志和战胜困难的不屈不挠的精神，是人生的巨大财富。节俭有助于体察他人的疾苦，培养对他人的爱心，有利于健康人格的形成，这对于孩子的成长极为重要。

让孩子从小学会节俭，就要让孩子适当尝尝“苦”头，没有吃过苦的孩子、在蜜罐里泡大的孩子根本不知道财富来之不易，也根本不知道珍惜自己拥有的幸福。许多孩子没有吃过苦，根本不懂得“节俭”二字，只要求吃好的，穿好的，玩具也是越多越好，越高级越好，如果达不到要求就会生气。有的孩子随便抛撒浪费粮食，不爱护衣物，对玩具随意弄坏，乱丢乱扔，弄得残缺不全，浪费严重。他们不知道粮食和玩具等来之不易，更不知道珍惜自己拥有的东西。

因此，让孩子知道好日子来之不易、培养孩子节俭的品质，已成为越来越多的父母努力的方向。许多“以俭养德”的事例告诉我们：要把孩子培养成有志向、有追求、有出息的人，勤俭节约、艰苦朴素的教育是不可或缺的，这是父母能够给孩子的永久财富。习惯的养成在于不断的积累，那么教育孩子就必须从自己着手，从小事着手，以身作则，在家庭教育中注意以下几方面：

1. 营造节俭的家庭生活氛围

节俭是一种良好的习惯，节俭的家庭生活习惯对于孩子节俭习惯的养成具有重要作用。如果父母每天大手大脚地花钱，随便浪费粮食和物品，那么孩子怎能养成良好的节俭习惯呢？所以说，为了培养孩子节俭的习惯，父母在平时的生活中应该注意节约每一粒饭、每一滴水，给孩子营造一个节俭的家庭氛围，让孩子从父母的言行中学会节俭。

2. 强化孩子的节约意识

节约意识是孩子形成节俭习惯所必需的，如果孩子没有形成良好的节约意识，那么他就很难拥有节俭的良好习惯。

慧慧今年11岁，是个很懂得节约的孩子。当她两三岁时，父母就常常对她强调节约的重要性。妈妈告诉她：“每次洗完手，都要把水龙头关紧、关好，你要知道，任由一滴水不断地滴落，一个小时会浪费很多水，尽量不要用流水洗脸和洗手。”在妈妈的教育下，慧慧节俭的习惯逐渐养成了。

父母一定要强化孩子的节约意识，鼓励他在生活中节约每一粒粮食，每一滴水。孩子只有在生活中形成节约的意识，他才能养成节俭的好习惯。

3. 帮助孩子理解节俭的价值

节俭是一种良好的习惯，更是一种美德。因为人口的急剧增多，也由于人们对于物质生活水平要求的提高，资源利用的速度一天比一天加快，如果不懂得节约，总有一天，这些资源都会消耗殆尽。因此，节俭是保证人类社会存在和发展的必备品质。

为了培养孩子节俭的习惯，父母应该动之以情，晓之以理，多让他看看报纸杂志，了解世界资源消耗速度，理解节俭在现代生活中的价值。

4. 教孩子懂得珍惜物品

相信大家都知道《锄禾》这首诗：“锄禾日当午，汗滴禾下土。谁知盘中餐，粒粒皆辛苦。”每一粒米都是农民辛苦耕耘的结果，因此，每个人都应该懂得珍惜盘中餐。父母应该告诉孩子懂得珍惜自己已经拥有的物品，不浪费粮食，不浪费水，爱惜书本、文具，节约一张纸、一支铅笔、一块橡皮。从生活中的小事做起，培养孩子节俭的好习惯。